¡Así suena!

Takuya Kimura

Editorial ASAHI

PAÍSES HISPANOHABLANTES

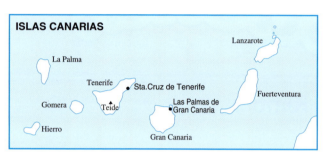

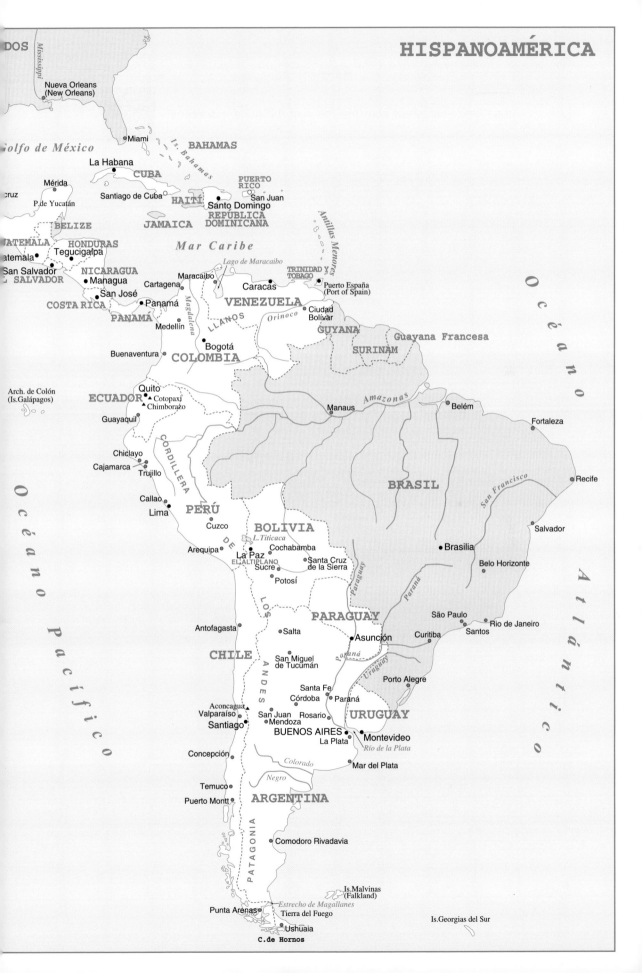

―― 音声サイトURL ――

https://text.asahipress.com/free/spanish/hibikune/index.html

🎵 はじめに 🎵

　本書は大学などで初めてスペイン語を学ぶ皆さんのために書かれた教科書ですが、最大の特徴は歌がついていることです。歌は本文の内容とは独立していますので、歌を聴かなくても学習は可能ですが、せっかくですからぜひ朝日出版社のウェブサイトに行って歌を聴いてみてください。ひとつでもふたつでも気に入っていただける歌があったら、何度も聴いて覚えていただけるとうれしいです。そうして一緒にスペイン語も覚えてしまいましょう。

　残念ながら、歌を覚えればスペイン語ができるようになるというほど世の中は甘くありません。基本的な語彙と文法は意識的に学ばなければなりません。つらい暗記の作業を歌が少しでも助けることができれば、私としては満足です。本文の登場人物も音楽を専攻する学生にしましたが、もちろん特に音楽の知識がなくても支障はありません。

　この教科書は、私が趣味で作曲をしていることに目をつけてくださった朝日出版社の山田敏之さんの発案でできあがりました。当初は無謀とも思えた計画でしたが、山田さんと、同じく朝日出版社の山中亮子さんに励まされながら、気づけば14課の教科書と34曲の歌ができあがっていました。深く感謝しています。

　文法項目の配列などについては、神戸市外国語大学の柳田玲奈先生に貴重なご助言をいただきました。お礼申し上げます。

　例文、会話、ミニ講読を生き生きとした声で読んでくださったDaniel Fernández Álvarezさん、Ángela Yamauraさん、Marta Sánchezさん、Jorge Buzónさん、それから素敵なイラストを描いてくださった重山梨沙さん、本書に命を吹き込んでくださり、ありがとうございました。

　作曲にあたっては、常にスペイン語の正しいリズムが曲に反映されるように細心の注意を払いました。歌っているのはネイティブスピーカーではなく、私自身と、それからスペイン語を勉強している若い仲間たち、片渕萌菜美さん、定榮華子さん、原見朋花さん、原 脩さんです。突然の頼みを快く引き受けてくれて、どうもありがとう。

　本書のささやかな試みが学習者の皆さんのスペイン語習得に役立つことを祈っています。

2018年9月　木村琢也

Índice（目次）

主な登場人物の紹介 …………………………………………………………………………… 1

Lección 1 *(uno)* 〈音楽学校の新学期の教室で〉………………………………………… 2
1 発音（1）注意を要する子音字の読み方（1） **2** あいさつ
3 スペイン語のアルファベット **4** 発音（2）注意を要する子音字の読み方（2）

Lección 2 *(dos)* 〈ホセのバルで〉 ……………………………………………………… 6
発音 **1** 二重母音・三重母音 **2** 二重子音
　　 3 音節の区切り方 **4** アクセントの位置の見つけ方
文法 **1** 名詞の性 **2** 名詞の複数形の作り方
　　 3 定冠詞と不定冠詞 **4** 数詞 0〜20

Lección 3 *(tres)* 〈再び、ホセのバルで〉 ……………………………………………… 10
1 主語人称代名詞、つなぎ動詞 ser, estar **2** ser と estar の使い分け
3 「あります/います」の言い方（hay と estar の使い分け） **4** 形容詞の変化
5 指示形容詞「この、その、あの」と指示代名詞「これ、それ、あれ」
6 疑問詞 qué「何」

Lección 4 *(cuatro)* 〈クララの部屋で〉 ………………………………………………… 14
1 現在の規則活用 **2** 国名と国名形容詞（国籍・言語名）
3 疑問詞 quién「誰」、cómo「どのように」、dónde「どこ」 **4** 時刻

Lección 5 *(cinco)* 〈学校からの帰り道で〉……………………………………………… 18
1 現在の不規則活用（1） **2** ir a + 不定詞「〜するでしょう/〜するつもりです」
3 tener que + 不定詞「〜しなければなりません」 **4** 天候の表現
5 おもな前置詞（1）

Lección 6 *(seis)* 〈朝、ホセのバルで〉································ 22
1. 現在の不規則活用（2）…語幹母音変化動詞　2. 現在の不規則活用（3）
3. 数詞 21 ～ 100　4. 値段の言い方、たずね方　5. おもな前置詞（2）
6. 前置詞の後の人称代名詞　7. 比較級（1）

Lección 7 *(siete)* 〈好きな作曲家〉·· 26
1. 目的語になる人称代名詞　2. 親族名称　3. 所有詞
4. 動詞 gustar と好き嫌いの表現　5. 比較級（2）… 不規則な比較級

Lección 8 *(ocho)* 〈食事の時間について〉································ 30
1. 再帰動詞　2. 再帰動詞のいろいろな使い方
3. 人称代名詞一覧　4. 形容詞の最上級　5. -mente 副詞

Lección 9 *(nueve)* 〈和声学の試験〉·· 34
1. 点過去と線過去（1）　2. 点過去の規則活用
3. 点過去の不規則活用（1）… 語幹母音変化動詞の -ir 動詞
4. 点過去の不規則活用（2）　5. 点過去の不規則活用（3）

Lección 10 *(diez)* 〈マヌエルの誕生日〉···································· 38
1. 数詞 101 ～ 1 500 000　2. 曜日　3. 疑問詞
4. 感嘆文　5. 不定語・否定語　6. 日付

Lección 11 *(once)* 〈クララのピアノ歴〉···································· 42
1. 線過去の規則活用　2. 線過去の不規則活用　3. 線過去の使い方
4. 点過去と線過去（2）　5. 現在分詞の作り方　6. 現在分詞の使い方
7. 関係代名詞 que

Lección 12 *(doce)* 〈サルスエラの話（その1）〉……………………………… 46
  1 過去分詞の作り方 **2** 現在完了の活用
  3 現在完了の使い方 **4** 受身文

Lección 13 *(trece)* 〈サルスエラの話（その2）〉……………………………… 50
  1 不定詞 **2** 肯定命令（1）… tú, vosotros
  3 肯定命令（2）… usted, ustedes, nosotros
  4 形容詞・副詞の意味を強める -ísimo **5** 順序数詞「～番目の」

Lección 14 *(catorce)* 〈ラウラの卒業〉……………………………………………… 54
  1 否定命令 **2** 命令形と目的語になる人称代名詞
  3 命令形のまとめ … sentarse「すわる」の全命令形
  4 目的語になる人称代名詞（再帰代名詞を含む）の位置のまとめ
  5 縮小辞 -ito, -illo

文法補足：スペイン語の動詞の法と時制 ……………………………………………… 58

主な登場人物の紹介

Manuel（マヌエル）

スペインのクエンカ出身、声楽（テノール）専攻の学生。声楽家は喉が命と信じ、冬はマフラーを欠かさない。そしてテノール歌手は実生活でもロマンチストであるべきと考え、実践している。

Clara（クララ）

コロンビアのボゴタ出身、ピアノ専攻。幼少時からピアノの才能を発揮し、今はマドリードにピアノ留学中。ポピュラー音楽からサルスエラまで、音楽の趣味は広い。

José（ホセ）

マヌエルたちがよく行くバルのウェイター。常連客たちのことをよく知っていて、話し相手になる。しかし音楽についての知識は多いとは言えない。

Laura（ラウラ）

フランスのパリ出身、ギター専攻。スペイン音楽に魅せられて、マドリードでスペイン語とスペイン音楽を学ぶ。友人たちが遊びに出かけても一人で黙々とギターの練習をする勉強家。その甲斐あって、いち早く卒業を勝ち取る。

さあ、これからこの4人と、スペイン語の「世界」へ出発です。

Lección 1 (uno) ●あいさつと発音　Saludos y pronunciación

CD-2 ① 発音（1）　注意を要する子音字の読み方（1）

l	舌先を上の内側の歯茎につけて出すラ行	pelo	luego	Manuel
r	語頭では舌先を震わせて出すラ行	radio	restaurante	rosa
	語頭以外では舌先を1回はじいて出すラ行	pero	tardes	señor
rr	舌先を震わせて出すラ行	perro	correo	torre
h	発音しない	hola	hotel	ahora
q	queを「ケ」、quiを「キ」と読む	qué	quién	máquina
ñ	ニャ行	España	español	mañana
j	口の奥から出すハ行	Japón	japonesa	hijo
語末の d	非常に弱く、ほとんど聞こえない	usted	Madrid	universidad

♪ Pelo, pero y perro

CD-3 ② あいさつ

（1）ていねいなあいさつ

— Buenos días, señor.
— Buenos días, señora. ¿Cómo está usted?
— Estoy muy bien, gracias. ¿Y usted?
— Yo también estoy muy bien.

　　Buenas tardes.　Buenas noches.

♪ Buenos días, señor 　　♪ Buenas tardes

♪ Buenas noches

（2）親しみのこもったあいさつ

— ¡Hola! ¿Qué tal?
— Bien, ¿y tú?
— Bien, gracias.

♪ Hola, hola

スペイン語を公用語とする国は世界で20ヶ国。幅広く通じる国際語です。

3 スペイン語のアルファベット

CD-4

母音字			子音字			
A a /á/ アー	B b /bé/ ベー	C c /θé/ セー	D d /dé/ デー			
E e /é/ エー	F f /éfe/ エフェ	G g /xé/ ヘー	H h /átʃe/ アチェ			
I i /í/ イー	J j /xóta/ ホタ	K k /ká/ カー	L l /éle/ エレ	M m /éme/ エメ	N n /éne/ エネ	Ñ ñ /éñe/ エニェ
O o /ó/ オー	P p /pé/ ペー	Q q /kú/ クー	R r /ére/ エレ	S s /ése/ エセ	T t /té/ テー	
U u /ú/ ウー	V v /úbe/ ウベ	W w /úbe dóble/ ウベ・ドブレ	X x /ékis/ エキス	Y y /yé/ イェー	Z z /θéta/ セタ	

 ABCDE

4 発音（2） 注意を要する子音字の読み方（2）

CD-5

y 単独・語尾では「イ」　　　　　　　　　　　hoy　　　muy　　　y
　　上記以外ではヤ行またはジャ行（どちらでもよい）yo　　　ya　　　mayo

ll yと同じくヤ行またはジャ行　　　　　　　　llamas　lleno　　silla

c ce, ci は「セ」「スィ」　　　　　　　　　　cena　　fácil　　Barcelona
　　（スペインでは舌先を前歯の先につける [θ] の音。中南米では [s] の音。）
　　上記以外のつづりのときはカ行　　　　　　　　cómo　　camarero　lección

z ce, ci の c と同じ発音　　　　　　　　　　zona　　lápiz　　cerveza

g gue, gui は「ゲ」「ギ」　　　　　　　　　　guerra　guitarra　manguera
　　ge, gi はそれぞれ je, ji と同じ発音　　　　gente　girasol　jengibre
　　上記以外のつづりのときはガ行　　　　　　　　gusto　gracias　geografía
　　（güe, güi は「グエ」「グイ」）　　　　　　vergüenza　lingüística　pingüino）

＊英語にない文字と記号：¡...!　¿...?　Á É Í Ó Ú　á é í ó ú　Ñ ñ　Ü ü

スペインの面積は約50万km²。日本（約38万km²）の1.3倍です。

Minilectura

Esta es Clara. Ella es estudiante. Este es Manuel. Él también es estudiante. Clara es colombiana, de Bogotá. Manuel es español, de Valladolid. Yo soy Naomi. Yo también soy estudiante. Soy japonesa, de Nagoya.

Notas

esta これ、この人（女性）　　**… es** 〜は〜です（→第3課）　　**ella** 彼女　　**estudiante** 学生
este これ、この人（男性）　　**él** 彼　　**también** 〜も　　**colombiano / colombiana** コロンビア人（男性 / 女性）
Bogotá ボゴタ　　**español / española** スペイン人（男性 / 女性）
Valladolid バヤドリード（スペインの都市）　　**(yo) soy…** 私は…です

Conversación　音楽学校の新学期の教室で

① Clara　：Hola. Me llamo Clara. Soy estudiante de piano. ¿Cómo te llamas?
② Manuel　：Hola. Me llamo Manuel. Soy estudiante de canto. Encantado.
③ Clara　：Encantada. Tú eres español, ¿verdad?
④ Manuel　：Sí, claro, soy español. ¿No eres española?
⑤ Clara　：No, no soy española. Soy colombiana.
⑥ Manuel　：Ah, ¿sí? ¿Eres de Bogotá?
⑦ Clara　：Sí.
⑧ Manuel　：Yo soy de Valladolid.

Notas

- **(yo) soy…** 私は…です
- **(yo) no soy…** 私は…ではありません
- **(yo) soy de…** 私は…の出身です

- **(tú) eres…** 君は…です
- **(tú) no eres…** 君は…ではありません
- **(tú) eres de…** 君は…の出身です

① **me llamo…** 私の名前は…です　　① **estudainte de piano** ピアノの学生
① **¿Cómo te llamas?** 君の名前は？　　② **estudainte de canto** 声楽の学生
②, ③ **Encantado. / Encantada.** はじめまして。（男性が言うとき/女性が言うとき）
③ **…, ¿verdad?** …でしょう？　　④ **sí** はい

José が働いているのは **bar**（バル）。スペインの町のあちこちにある軽食スタンドです。

練習 Ejercicios

1. 自分の立場で、次のスペイン語に答えてみましょう。
   1) ¡Hola! ¿Qué tal?

   2) ¿Cómo te llamas?

   3) ¿Eres de Tokio?

   4) Encantado.

2. 下線部に適切な1語を入れて文を完成し、それを日本語に訳しましょう。
   1) Me _____ Manuel.

   2) Yo _____ japonés.

   3) Clara es _____ Bogotá.

   4) Tú _____ española, ¿verdad?

3. 4ページの「会話」と「ミニ講読」を参考にして、スペイン語に訳しましょう。
   1) クララは学生です。

   2) 私（男性）はスペイン人ではありません。

   3) ナオミは日本人でしょう？

   4) ナオミは名古屋出身です。

4. 音声を聞いて、自分の立場でスペイン語で答えてみましょう。 CD-8
   1)

   2)

   3)

   4)

Café con leche はコーヒーとミルクの量がほぼ同じ。大きなカップでいただきます。

Lección 2 (dos)　●発音　Pronunciación

CD-9　1　二重母音・三重母音

a, e, o, í, ú → 「強母音」　　　　　　i, u → 「弱母音」

二重母音 ＝ 「強＋弱」「弱＋強」「弱＋弱」の組み合わせ

三重母音 ＝ 「弱＋強＋弱」の組み合わせ

（i は語末では y と書かれます。）

　　gra<u>cia</u>s, tam<u>bié</u>n, <u>eu</u>ro, s<u>oy</u>, c<u>iu</u>dad, Parag<u>uay</u>

　　※ te<u>a</u>tro, t<u>ío</u> の下線部は二重母音ではありません。

CD-10　2　二重子音

p, b, f, t, d, c, g ＋ l, r の組み合わせ（tl, dl を除く）

<u>pl</u>aza, <u>cl</u>ase, <u>fl</u>or, <u>gr</u>acias, ma<u>dr</u>e, tea<u>tr</u>o

CD-11　3　音節の区切り方

スペイン語は音節を単位として発音します。

音節を考えるとき、「二重母音・三重母音」は１つの母音、「二重子音」、ch, ll, rr は１つの子音と見なします。

1) 母母 → 母 - 母　　　　　　　　　　　tí - o　　　le - er
2) 母子母 → 母 - 子母　　　　　　　　　ca - sa　　mu - se - o　　gra - cias　　si - lla
3) 母子子母 → 母子 - 子母　　　　　　　es - tu - dian - te　　con - ver - sa - ción
4) 母子子子母 → 母子子 - 子母　　　　　ins - tru - men - to

CD-12　4　アクセントの位置の見つけ方

1) 母音、n, s で終わっている語 → 最後から２番目の音節にアクセント

　　mu – **se** – o　　es – tu – **dian** - te　　ja – po – **ne** – sa

　　Car – men　　**ca** – sa　　　　　　　**ca** – sas

2) n, s 以外の子音（y を含む）で終わっている語 → 最後の音節にアクセント

　　ho – **tel**　　hos – pi – **tal**　　Pa – ra – **guay**　　se – **ñor**

3) アクセント記号のついた母音がある場合 → その音節にアクセント

　　ja – po – **nés**　　con – ver – sa – **ción**　　ca – **fé**　　**fút** – bol　　a – **diós**

 Ejercicios de sílaba y acento

スペインで一番人気のスポーツ futbol は日本では何と言うでしょう？

● 文法　Gramática

1　名詞の性　CD-13

男性名詞の例	hombre	señor	padre	hijo	hermano
	amigo	chico	niño	camarero	estudiante
	libro	museo	tren	café	hotel
女性名詞の例	mujer	señora	señorita	madre	hija	hermana
	amiga	chica	niña	camarera	estudiante
	casa	escuela	leche	estación	universidad

 Masculinos y femeninos

2　名詞の複数形の作り方　CD-14

1) 母音で終わっている名詞 → -s をつける　　例：libro → libros
2) 子音で終わっている名詞 → -es をつける　　例：hotel → hoteles

＊アクセント記号が加わったり消えたりするもの

estación（es-ta-**ción**）→ estaciones（es-ta-**cio**-nes）
examen（e-**xa**-men）　→ exámenes（e-**xá**-me-nes）

3　定冠詞と不定冠詞　CD-15

定冠詞（英. the）

	男性	女性
単数	el libro	la casa
複数	los libros	las casas

＊原則として「特定の人／もの」を表す名詞の前につけます。

不定冠詞（英. a, an）

	男性	女性
単数	un libro	una casa
複数	unos libros	unas casas

＊単数形は「あるひとつの」、複数形は「あるいくつかの」という意味です。

 El hombre, un hombre

4　数詞 0～20　CD-16

0 cero	1 uno	2 dos	3 tres	4 cuatro	5 cinco
	6 seis	7 siete	8 ocho	9 nueve	10 diez
	11 once	12 doce	13 trece	14 catorce	15 quince
	16 dieciséis	17 diecisiete	18 dieciocho	19 diecinueve	20 veinte

 De cero a veinte

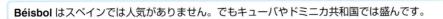
Béisbol はスペインでは人気がありません。でもキューバやドミニカ共和国では盛んです。

Minilectura

Soy Manuel. Esta es mi habitación. Hay una cama, una mesa, un armario y una estantería. En la mesa hay un ordenador, unos bolígrafos, unos lápices de mina y una goma. ¡Ah! También hay una silla, por supuesto.

Notas

esta これ（→第3課）　　**mi** 私の（→第7課）　　**hay...** …がある
lápiz de mina シャープペンシル　　**por supuesto** もちろん

 Conversación　ホセのバルで

① José　　　　: Hola, Clara y Manuel. ¿Qué tal?
② Clara　　　 : Muy bien. Un café con leche, por favor.
③ Manuel　　 : Para mí también.
④ José　　　　: Dos cafés con leche. Muy bien.
⑤ Sr. Sánchez : Hola, buenas tardes. ¿Me pone una cerveza?
⑥ José　　　　: Hola, Sr. Sánchez. Una cerveza. Enseguida. Un café con leche para ti, Clara, y otro para ti, Manuel.

Notas

② **café con leche** カフェオレ　　　② **por favor** お願いします
③ **para mí** 私（のため）に　　　　　④ **Muy bien.** わかりました。
⑤ **Sr. = señor**（**Sra. = señora, Srta. = señorita**）　⑤ **¿Me pone...?** 私に…を出してくれますか？
⑥ **enseguida** すぐに　　　　　　　　⑥ **para ti** 君（のため）に　　⑦ **otro** もうひとつ

スペインは観光大国。どこの都市でも宿泊施設の数は十分にあります。

練習 Ejercicios

1. 例にならって単語を音節に区切り、アクセントのある音節に下線を引きましょう。
   例 patata → pa - <u>ta</u> – ta
   1) hombre　　　2) camarera　　　3) libro

   4) escuela　　　5) estudiante　　　6) universidad

2. 単数なら複数に、複数なら単数に書き換えましょう。
   1) un señor　　　→
   2) unas mesas　　→
   3) la estación　　→
   4) las escuelas　→
   5) los hoteles　　→

3. これまでに出てきた文を参考にして、次の（　）内に適切な1語ずつを入れてスペイン語訳を作りましょう。
   1) やあ、おはよう。　　　　　　　（　　　）, buenos（　　　）.

   2) ビール1杯ください。　　　　　（　　　）cerveza, por（　　　）.

   3) 私にミルクティーを1杯くれる？　¿Me（　　　）（　　　）té con leche?

4. 例にならって「…はありますか？」という質問（音声）に「はい、…はあります」と答えましょう。　　　　　　　　　　　　　　　　　　　　　　　CD-19
   例 ¿Hay un ordenador? — Sí, hay un ordenador.
   1)

   2)

   3)

   4)

スペイン人は地域の意識が強く、どこの出身かということにとてもこだわります。

Lección 3 (tres) ●文法 Gramática

1 主語人称代名詞、つなぎ動詞 ser, estar

「つなぎ動詞」とは、英語の be 動詞に当たる動詞です。
Yo soy estudiante.　soy の原形は ser（英. I am a student. am の原形は be）
Yo estoy aquí.　　　estoy の原形は estar（英. I am here. am の原形は be）

主語		ser	estar
1人称単数	yo 私は	soy	estoy
2人称単数	tú 君は	eres	estás
3人称単数	usted / él / ella あなたは / 彼は / 彼女は	es	está
1人称複数	nosotros / nosotras 私たち（男）は / 私たち（女）は	somos	estamos
2人称複数	vosotros / vosotras 君たち（男）は / 君たち（女）は	sois	estáis
3人称複数	ustedes / ellos / ellas あなたがたは / 彼らは / 彼女らは	son	están

◆「君」と「あなた」…親しい相手とあらたまった間柄の相手とを区別します。
　Marta, ¿tú eres de Madrid?　　Profesor Fernández, ¿Ud. es de Madrid?
◆usted を Ud. または Vd. と、ustedes を Uds. または Vds. と略記できます。
◆動詞の直前に no を置くと否定文になります。
　¿Eres estudiante, José? ― No, no soy estudiante. Soy camarero.

 Yo soy japonés.

2 ser と estar の使い分け

身分や職業など　　　　→ ser　　Soy estudiante.　　Isabel es profesora.
人・物事の性質や特徴 → ser　　Soy alto.　　　　　Isabel es simpática.
人・物事の様子や状態 → estar　Estoy contento.　　Isabel está cansada.

3 「あります / います」の言い方（hay と estar の使い分け）

不特定の人・物の存在 → hay　　　Aquí hay un estudiante. Ahí hay un banco.
特定の人・物の所在　 → estar　　Manuel está aquí.　　El banco está ahí.

どこの bar でも tapas と呼ばれるおつまみがガラスケースに入れてあります。

4 形容詞の変化

1) 男性単数形が –o で終わるもの → 性・数変化あり

| el coche blanco | la casa blanca |
| los coches blancos | las casas blancas |

| un coche bonito | una casa bonita |
| unos coches bonitos | unas casas bonitas |

2) 男性単数形が –o 以外で終わるもの → 数変化のみあり

| el coche grande | la casa grande |
| los coches grandes | las casas grandes |

| un coche azul | una casa azul |
| unos coches azules | unas casas azules |

3) 重要な例外：男性単数形が子音で終わる国名形容詞 → 性・数変化あり

| el coche japonés | la casa japonesa |
| los coches japoneses | las casas japonesas |

| un coche español | una casa española |
| unos coches españoles | unas casas españolas |

5 指示形容詞「この、その、あの」と指示代名詞「これ、それ、あれ」

	男性単数	女性単数	男性複数	女性複数
この・これ	este	esta	estos	estas
その・それ	ese	esa	esos	esas
あの・あれ	aquel	aquella	aquellos	aquellas

esta casa　　ese árbol　　aquellos edificios　　estas chicas　　esas sillas

◆指示代名詞には中性形 esto, eso, aquello もあります。（単複の区別なし）
　中性形の用法：1) 不明のものを指すとき　¿Qué es eso? — Es una tableta.
　　　　　　　 2)「このこと」「そのこと」など　Clara es antipática. — Eso no es verdad.

6 疑問詞 qué「何」

¿Qué es aquello? — Aquello es una iglesia.
¿Qué es tu padre? — Es profesor.

 ¿Qué es eso?

Tapas を注文すると、camarero がそれを小皿にのせて出してくれます。

Minilectura

Este es el bar de José. Es pequeño pero cómodo. Hay una barra y unas mesas pequeñas.

En el bar de José hay varias tapas. Las tapas están ricas. El café está muy bueno también.

José es camarero. Es muy simpático. Está muy ocupado, porque siempre hay muchos clientes.

Notas

el bar de José ホセのバル　　**barra** カウンター　　**varias** いろいろな　　**tapa** おつまみ、小皿料理
rico, bueno おいしい　　**porque...** …なので　　**muchos** たくさんの

会話　Conversación　再び、ホセのバルで

① Clara　　　　：José, ¿qué es eso?
② José　　　　：¿Esto? Es tortilla.
③ Clara　　　　：¿Ah, tortilla española? Es de huevos, ¿verdad?
④ José　　　　：Sí, claro. Es de huevos y de patatas.
⑤ Clara　　　　：La tortilla mexicana es de maíz.
⑥ José　　　　：Sí, es muy diferente, ¿no?
⑦ Sr. Sánchez：Hola, buenas tardes. ¿Me pone un vaso de vino?
⑧ José　　　　：¿Tinto o blanco?
⑨ Sr. Sánchez：Tinto. Y una tapa de tortilla, por favor.

Notas

② **tortilla** トルティーヤ　　④ **claro** もちろん
⑥ **..., ¿no?** …でしょう？、…だよね？　　⑦ **un vaso de...** グラス１杯の…
⑧ **(vino) tinto** 赤（ワイン）　　⑨ **una tapa de...**（小さな）ひと皿の…

マッシュルームやエビのニンニク炒めは代表的な **tapas** です。

Ejercicios

1. （　）の中に入れるのに最も良いものを後の｛　｝の中から一つ選び、そのあとで文の意味を考えましょう。

1) Estos señores (　　　) profesores.　　｛ sois / somos / son ｝
2) ¿(　　　) estudiante?　　｛ Eres / Estás / Hay ｝
3) Kento y yo (　　　) japoneses.　　｛ es / somos / soy ｝
4) (　　　) cansada.　　｛ Es / Están / Está ｝
5) Mi casa (　　　) en Kobe.　　｛ es / está / hay ｝
6) Aquí (　　　) muchos clientes.　　｛ están / hay / son ｝
7) Aquí (　　　) el bar de José.　　｛ está / hay / es ｝
8) Clara es (　　　).　　｛ Colombia / colombiano / colombiana ｝
9) Clara es de (　　　).　　｛ Colombia / colombiano / colombiana ｝
10) (　　　) es mi hermana.　　｛ Esta / Este / Esto ｝

2. ［　］内の形容詞を必要なら適切な形に変えて、次の語句をスペイン語にしましょう。

1) それらの背が高い少女たち　　las chicas ＿＿＿＿＿＿＿＿＿＿ [alto]
2) １冊の難しい本　　un libro ＿＿＿＿＿＿＿＿＿＿ [difícil]
3) それらの日本の映画　　las películas ＿＿＿＿＿＿＿＿＿＿ [japonés]
4) 何人かの若い先生たち　　unos profesores ＿＿＿＿＿＿＿＿＿＿ [joven]

3. スペイン語に訳しましょう。

1) ホセとマヌエルはスペイン人です。

2) ホセは学生ではありません。

3) これらの本は難しいです。

4. 音声を聞いて、1), 2) は sí で、3), 4) は no で答えましょう。　　**CD-24**

1)

2)

3)

4)

また、**tortilla**（ジャガイモ入りオムレツ）や **pulpo**（タコ）もファンの多い **tapas** です。

Lección 4 *(cuatro)* ● 文法 Gramática

1 現在の規則活用

CD-25

-ar 動詞：**cantar**（歌う）

	単数	複数
1人称	canto	cantamos
2人称	cantas	cantáis
3人称	canta	cantan

-er 動詞：**comer**（食べる）

	単数	複数
1人称	como	comemos
2人称	comes	coméis
3人称	come	comen

-ir 動詞：**vivir**（住む・暮らす）

	単数	複数
1人称	vivo	vivimos
2人称	vives	vivís
3人称	vive	viven

Naomi canta una canción japonesa.
Clara no habla japonés. Habla español, inglés y un poco de francés. [← hablar]
Este verano viajamos a Europa. [← viajar]
Mi amigo come carne y yo como pescado.
El padre de Manuel bebe mucha cerveza. [← beber]
Ellos viven cerca de la universidad, pero yo vivo lejos.
Escribo un correo a mi amigo. [← escribir]

 Canto, cantas, canta

2 国名と国名形容詞（国籍・言語名）

国名	国名形容詞
España	español
México	mexicano
Guatemala	guatemalteco
Cuba	cubano
Perú	peruano
Argentina	argentino
Colombia	colombiano
Estados Unidos	estadounidense

国名	国名形容詞
Japón	japonés
Corea	coreano
China	chino
Inglaterra	inglés
Francia	francés
Italia	italiano
Alemania	alemán
Rusia	ruso

国名形容詞の性・数変化の例（第3課 **4** 参照）
japonés / japonesa / japoneses / japonesas
mexicano / mexicana / mexicanos / mexicanas

＊**México, mexicano, mexicana** の **xi** は例外的に **ji** のように読みます。

スペイン語はポルトガル語、イタリア語、フランス語などと共にロマンス系言語です。

3 疑問詞 quién「誰」、cómo「どのように」、dónde「どこ」

CD-26

¿Quién es esta? — Es mi hermana.
¿Quiénes son estos? — Son José y Manuel.
¿Cómo es Clara? — Es alta y simpática.
¿Cómo está Clara? — Está muy bien. / No está bien. Está resfriada.
¿Dónde está la universidad? — Está en Tokio.
¿Dónde vive tu familia? — Mi familia vive en Nagoya.

4 時刻

¿Qué hora es?
- 1:00 Es la una.（una = una hora）
- 2:00 Son las dos.（dos = dos horas）
- 3:00 Son las tres.
- 6:00 Son las seis.
- 9:10 Son las nueve y diez.
- 9:15 Son las nueve y cuarto.（cuarto 4分の1）
- 9:30 Son las nueve y media.（media 半分）
- 9:40 Son las diez menos veinte.
- 9:45 Son las diez menos cuarto.

Son las ocho de la mañana.
Son las tres de la tarde.
Son las once de la noche.

¿A qué hora es la clase de español? — La clase de español es a las nueve.

ロマンス系言語とは、ラテン語が時代と共に変化し分化してできた言語のグループです。

Minilectura

Soy Clara. Laura es de París, Francia. Ahora vive conmigo en Madrid. Ella y yo estudiamos en el mismo conservatorio, pero ella aprende guitarra y yo aprendo piano. Laura es una estudiante muy trabajadora. Ya habla muy bien español. Estudia la música española todos los días.

Notas

conmigo 私と一緒に　　**mismo** 同じ　　**conservatorio**［男］音楽学校　　**pero** しかし
aprender 学ぶ、習う　　**trabajadora** 勤勉な（形容詞 trabajador の女性単数形）　　**todos los días** 毎日

 Conversación　クララの部屋で

① Clara　　: Manuel, esta es Laura. Es francesa y estudiante de guitarra.
② Laura　　: Hola.
③ Manuel　: Hola, ¿qué tal? ¿Vivís juntas aquí?
④ Laura　　: Sí, Clara y yo compartimos este piso.
⑤ Manuel　: ¡Qué bien! Y hablas muy bien español.
⑥ Laura　　: No tanto. Aquí aprendo guitarra, la música española y el idioma español.
⑦ Manuel　: ¡Estudias mucho!

Notas

③ **juntas** 一緒に（形容詞 junto「一緒の」の女性複数形）
④ **compartir** 分かち合う、一緒に使う　　④ **piso**［男］マンション（の一戸）
⑥ **no tanto** それほどでもない

ロマンス系言語は起源が同一なので、互いに似た部分が多いです。

Ejercicios

練習

1. 次の6つの規則活用動詞を現在形に活用しましょう。

   estudiar   trabajar   beber   aprender   abrir   escribir

2. 上の1. で練習した動詞の活用形を下線部に入れて、スペイン語訳を完成させましょう。

   1) 学生たちはよく勉強します。　　　Los estudiantes _____ mucho.

   2) 今日私たちは仕事をしません。　　Hoy no _____ .

   3) 私はビールを飲みません。　　　　No _____ cerveza.

   4) クララはピアノを習っています。　Clara _____ piano.

   5) 君は窓を開ける？　　　　　　　　¿ _____ las ventanas?

   6) 最近私たちはたくさんメールを書きます。 Estos días _____ muchos correos.

3. Conversación の内容に関する次の質問にスペイン語で答えましょう。

   1) ¿Es Laura española?

   2) ¿Dónde vive Laura, en España o en Francia?

   3) ¿Laura habla español?

   4) ¿Qué aprende Laura?

4. 次の時刻を「今○○時です」という意味のスペイン語で言いましょう。　　**CD-29**

   1) 1時半　→

   2) 7時5分　→

5. 今何時だと言っているか、音声を聴き取ってみましょう。

   1)

   2)

数詞の「4」はポルトガル語で **quatro**、イタリア語で **quattro**、フランス語で **quatre** です。

Lección 5 *(cinco)* ● Gramática 文法

1 現在の不規則活用 (1)

ir（行く）

	単数	複数
1人称	voy	vamos
2人称	vas	vais
3人称	va	van

tener（持っている）

	単数	複数
1人称	tengo	tenemos
2人称	tienes	tenéis
3人称	tiene	tienen

venir（来る）

	単数	複数
1人称	vengo	venimos
2人称	vienes	venís
3人称	viene	vienen

hacer（する、作る）

	単数	複数
1人称	hago	hacemos
2人称	haces	hacéis
3人称	hace	hacen

¿A dónde vas? — Voy a la biblioteca.
¿Tienes hermanos? — Sí, tengo un hermano y una hermana.
¿A qué hora viene el próximo autobús? — Viene a las dos y diez.
¿Qué haces los domingos? — Hago deporte.
Hoy mi padre hace paella.

 Voy, vas, va

2 ir a ＋ 不定詞「〜するでしょう / 〜するつもりです」
（不定詞 ＝ 動詞の原形）

Este año voy a estudiar mucho.
Hoy vamos a comer en casa.
Va a venir pronto el tren.

　　vamos a ＋ 不定詞「〜しましょう」
　　　¡Vamos a comer juntos!

3 tener que ＋ 不定詞「〜しなければなりません」

Este año tengo que estudiar mucho.
Tenemos que esperar el próximo autobús.

　　no tener que ＋ 不定詞「〜しなくてもよい」
　　　No tienes que trabajar tanto.

スペインの首都 **Madrid** はイベリア半島の中心に位置する人口約320万人の大都市です。

4 天候の表現　　　　　　　　　　　　　　　　　　　　　　　　　　　CD-31

¿Qué tiempo hace hoy? — Hace calor.　　　　　　Hace mucho calor.
　　　　　　　　　　　　Hace frío.　　　　　　　Hace mucho frío.
　　　　　　　　　　　　Hace sol.　　　　　　　Hace mucho sol.
　　　　　　　　　　　　Hace buen tiempo.　　　 Hace muy buen tiempo.
　　　　　　　　　　　　Hace mal tiempo.　　　　Hace muy mal tiempo.
　　　　　　　　　　　　Llueve.　　　　　　　　Llueve mucho.

◆bueno「良い」、malo「悪い」は男性単数名詞の前で –o が消え、buen, mal となります。

 Hace buen tiempo 　　 Hace mucho frío en julio

5 おもな前置詞 (1)

a　　　　　　　Voy a la universidad.「～へ」
　　　　　　　　　Voy al cine.　　　　　　　　　　　　　　　☆ a + el → al
　　　　　　　　　La clase es a las nueve.「～（時刻）に」
　　　　　　　　　Regalo una flor a mi tío enfermo.「～（人）に」　☆ mi「私の」（第7課）
　　　　　　　　　Espero a mi amiga.「～（人）を」

de　　　　　　Este coche es de Miguel.「～（人）の〔所有者〕」
　　　　　　　　　Este libro es del profesor Romero.　　　　　☆ de + el → del
　　　　　　　　　Esta mesa es de madera.「～の〔材料〕」
　　　　　　　　　Vengo de casa.「～（場所）から」
　　　　　　　　　Soy de Saitama.「～（地名）から〔出身〕」

en　　　　　　Vivo y trabajo en Tokio.「～（地名・場所）（の中）に / で」
　　　　　　　　　Tus gafas están en la mesa.「～の上に」

con　　　　　　Vivo con mi familia.「～といっしょに」
　　　　　　　　　El profesor trabaja con este ordenador.「～を使って」

sin　　　　　　Tomo café sin azúcar.「～なしに」

entre　　　　　Panamá está entre Costa Rica y Colombia.「～の間に」

desde ~ hasta ...　Este tren va desde Madrid hasta Santiago de Compostela.
　　　　　　　　　Tengo clases desde las nueve hasta las tres menos veinte.
　　　　　　　　　　　　　　　　　　　　　　　　「～から … まで〔距離・時間〕」

Madrid 首都圏の人口は約550万人。ヨーロッパではロンドン、ベルリンに次ぐ第3位の人口です。

Minilectura

Hoy hace muy buen tiempo. Manuel y Clara no tienen que estudiar y van al Parque del Retiro. Ellos toman el metro y bajan en la estación de Retiro. Es un parque muy grande y dentro hay un gran estanque. Aquí viene mucha gente de Madrid. También vienen turistas del extranjero. Manuel y Clara reman en un bote en el estanque.

Notas

el Parque [男] **del Retiro** レティーロ公園→マドリード中心部近くにある公園。
tomar el metro [男] 地下鉄に乗る　　**muy grande** とても大きな
gran 大きな（grande は単数名詞の前で gran になります）
estanque [男] 池　　**gente** [女] 人々　　**también...** また…も　　**turista** [男女] 観光客
extranjero（ここでは）[男] 外国　　**remar en...**（船など）をこぐ　　**bote** [男] ボート

Conversación　学校からの帰り道で

① Manuel : Hoy hace muy buen tiempo, ¿verdad?
② Laura : ¿Buen tiempo? ¡Hace calor!
③ Clara : ¿Tienes calor? Es natural, porque vienes de Francia. ¿Tomamos algo en el bar de José?
④ Manuel : Buena idea. ¿Y qué hacemos después?
⑤ Clara : Vamos a pensarlo en el bar.
⑥ Laura : Lo siento. Yo tengo que practicar la guitarra.

Notas

③ **tener calor** 暑いと感じる　　③ **venir de...**　…から来た
⑤ **pensarlo = pensar + lo**（lo は「そのことを」という意味）（→第7課 **1**）
⑥ **lo siento** ごめんなさい（謝罪の表現）

Madrid が首都になったのは1561年。その直前は **Toledo** が事実上の首都でした。

Ejercicios

1. [ ] 内の動詞を適切な形に活用させて、下線部に書き入れましょう。

1) Yo _____ muchos discos de música española. [tener]

2) Todos los países _____ problemas. [tener]

3) Ya _____ el tren. [venir]

4) Yo _____ de Kobe. [venir]

5) Aquí _____ mucho sol. [hacer]

6) ¿Qué _____ vosotros esta tarde? [hacer]

7) ¿A qué hora _____ tú a la escuela? [ir]

8) Clara y yo _____ al parque. [ir]

2. ( ) 内に適切な前置詞を入れて、スペイン語訳を完成させましょう。

1) マヌエルはクララと一緒にレティーロ公園へ行きます。
   Manuel va al Parque del Retiro (　　　　) Clara.
2) このギターはラウラのです。
   Esta guitarra es (　　　　) Laura.
3) 彼らは今日の午後に来るでしょう。
   Ellos van (　　　　) venir esta tarde.
4) この列車はマドリードからセビーヤまで行きます。
   Este tren va (　　　　) Madrid (　　　　) Sevilla.
5) 駅と大学の間に川があります。
   Hay un río (　　　　) la estación y la universidad.

3. 音声を聞いて、自分の立場で答えてみましょう。   **CD-34**

1)

2)

3)

Madrid の **Puerta del Sol** 広場にある熊とヤマモモの像は大人気の待ち合わせスポットです。

Lección 6 (seis) ●文法 Gramática

1 現在の不規則活用 (2) … 語幹母音変化動詞

パターン1 (e → ie)
qu e rer (欲する)

	単数	複数
1人称	quiero	queremos
2人称	quieres	queréis
3人称	quiere	quieren

パターン2 (o → ue)
p o der (〜できる)

	単数	複数
1人称	puedo	podemos
2人称	puedes	podéis
3人称	puede	pueden

パターン3 (e → i)
p e dir (頼む)

	単数	複数
1人称	pido	pedimos
2人称	pides	pedís
3人称	pide	piden

¿Qué quiere su hijo? — Quiere un coche nuevo.
Queremos descansar un poco.
La clase empieza a las diez menos veinte de la mañana. (＜empezar, e → ie)
¿Puedes venir mañana? — No, mañana no puedo venir.
Todos los días mi padre vuelve tarde a casa. (＜volver, o → ue)
Paloma pide un té, y yo pido un café.
La profesora repite la pregunta. (＜repetir, e → i)

2 現在の不規則活用 (3)

poner (置く)

	単数	複数
1人称	pongo	ponemos
2人称	pones	ponéis
3人称	pone	ponen

decir (言う)

	単数	複数
1人称	digo	decimos
2人称	dices	decís
3人称	dice	dicen

dar (与える)

	単数	複数
1人称	doy	damos
2人称	das	dais
3人称	da	dan

saber (知っている1)

	単数	複数
1人称	sé	sabemos
2人称	sabes	sabéis
3人称	sabe	saben

conocer (知っている2)

	単数	複数
1人称	conozco	conocemos
2人称	conoces	conocéis
3人称	conoce	conocen

Sé el nombre del novio de Isabel.
Conozco al novio de Isabel.

 現在活用総まとめ

スペイン語で **menú** は定食。多くの飲食店が **menú del día** (日替わり定食) を出します。

3 数詞 21〜100　　　　　　　　　　　　　　　　　　　　　　　　　　CD-36

21 veintiuno	22 veintidós	23 veintitrés	24 veinticuatro	25 veinticinco
26 veintiséis	27 veintisiete	28 veintiocho	29 veintinueve	30 treinta
31 treinta y uno	32 treinta y dos	33 treinta y tres	...	
40 cuarenta ...	50 cincuenta ...	60 sesenta ...	70 setenta ...	
80 ochenta ...	90 noventa ...	100 cien		

4 値段の言い方、たずね方

¿Cuánto cuesta esta camiseta? — Cuesta diez euros con cincuenta.（＜costar, o → ue）
¿Cuánto es esta camiseta? — Son diez con cincuenta.

 ¿Cuánto cuesta esta camiseta?

5 おもな前置詞 (2)

para　　　　Este regalo es para mi amigo Jorge.「〜のために / の」
por　　　　Este verano voy a viajar por Europa.「〜のあたりを / の中を動いて / を通って」
　　　　　　　Estamos cansados por el calor.「〜のせいで / が理由で」
sobre　　　El avión vuela sobre Rusia.「〜の上に / で / を」（＜volar, o → ue）
　　　　　　　Ellos siempre hablan sobre política.「〜に関して / 関する」

6 前置詞の後の人称代名詞

> yo → mí　　tú → ti

◆yo, tú 以外は主語になる人称代名詞（→第3課 1 ）と同じ形。

Este regalo es para mí / para ti / para él / para ella / para nosotros...

7 比較級 (1)

優等比較級「A は B より〜だ」
　Gregorio es más alto que yo.　　　　　Ana habla más rápido que Ángela.
劣等比較級「A は B より少なく〜だ」＝「A は B ほど〜ではない」
　Yo soy menos alto que Gregorio.　　　Ángela habla menos rápido que Ana.
同等比較級「A は B と同じぐらい〜だ」
　Hugo es tan alto como Gregorio.　　　Patricia habla tan rápido como Ana.

水は頼まないと出てきませんが、パンは黙っていても出てくるのが普通です。

Minilectura

Soy Manuel. Normalmente desayuno en casa, pero a veces tomo el desayuno en el bar de José. Por la tarde mis amigos y yo vamos a menudo al bar. José nos conoce muy bien, y sabe qué vamos a pedir. Yo pido cerveza casi siempre y Clara pide vino blanco. Laura no toma alcohol. Pide café o algún refresco.

Notas

normalmente 普通は、ふだんは　　**desayunar** 朝食をとる　　**en casa** 自宅で
a veces ときどき　　**desayuno** [男] 朝食　　**por la tarde** 午後に、夕方に
a menudo しばしば、頻繁に　　**nos** 私たちを（→第7課）　　**casi** ほとんど
siempre いつも　　**alcohol** [男] アルコール　　**algún** なんらかの（→第10課）
refresco [男] ソフトドリンク

Conversación　朝、ホセのバルで

① José　　：¡Hombre, Manuel! Hoy vienes muy temprano.
② Manuel：Sí, esta mañana voy a estudiar en la biblioteca, porque mañana tengo que hacer una presentación en la clase.
③ José　　：¿Ah, sí? ¿Qué te pongo hoy?
④ Manuel：Churros y un café con leche.
⑤ José　　：¿Cuántos churros quieres?
⑥ Manuel：Cuatro. ¿Cuánto es en total?
⑦ José　　：Dos con treinta. ¿Sobre qué es la presentación?
⑧ Manuel：Sobre la vida de Isaac Albéniz.

Notas

② **hacer una presentación** プレゼン（発表）をする
③ **¿Qué te pongo hoy?** 今日は何にする？（te は「君に」（→第7課）、poner はここでは「（客に飲食物を）出す」）
⑧ **Isaac Albéniz** イサーク・アルベニス（1860 - 1909）→スペインのピアニスト、作曲家。ピアノ曲「イベリア」が特に有名。

Menú はまず **bebida**（飲み物）、次に **primer plato**（第1の料理：前菜）を注文します。

Ejercicios

1. [　] 内の動詞を yo を主語とする形に活用させて、下線部に書き入れましょう。

1) Por la tarde ＿＿＿＿＿＿ a pasear con mi perro. [salir]
2) ¿Qué ＿＿＿＿＿＿ ahora? [hacer]
3) No ＿＿＿＿＿＿ al profesor Sánchez. [conocer]
4) No ＿＿＿＿＿＿ de dónde es el profesor Sánchez. [saber]
5) Desde aquí ＿＿＿＿＿＿ unas montañas preciosas. [ver]
6) Mañana te ＿＿＿＿＿＿ las llaves. [dar]
7) No te ＿＿＿＿＿＿ muy bien. [oír]
8) ＿＿＿＿＿＿ los platos en la mesa. [poner]
9) Yo siempre ＿＿＿＿＿＿ la verdad. [decir]
10) ＿＿＿＿＿＿ comprar esta camiseta. [querer]

2. (　) 内に1語を補ってスペイン語訳を完成させましょう。

1) 祖母は毎朝、公園を散歩します。
   Mi abuela pasea (　　　　　　) el parque todas las mañanas.
2) この映画は原作の小説ほどおもしろくはない。
   Esta película es (　　　　　　) interesante que la novela original.
3) 私あての手紙がありますか？
   ¿Hay una carta para (　　　　　　)?
4) 友人たちと私はこの町になじみがあります。
   Mis amigos y yo (　　　　　　) muy bien esta ciudad.

3. 品物の値段（音声）を聞いて、次の問いに答えましょう。

1) ¿Cuánto cuesta un kilo de queso?

2) ¿Qué es más caro, el queso o el jamón?

Lección 7 (siete) ●文法 Gramática

1 目的語になる人称代名詞

1) 直接目的「～を」

	単数	複数
1人称	me 私を	nos 私たちを
2人称	te 君を	os 君たちを
3人称	lo あなた（男）/ 彼 / それ（男性）を	los あなたがた（男）/ 彼ら / それら（男性）を
	la あなた（女）/ 彼女 / それ（女性）を	las あなたがた（女）/ 彼女ら / それら（女性）を
	lo そのことを（中性）	

2) 間接目的「～に」

	単数	複数
1人称	me 私に	nos 私たちに
2人称	te 君に	os 君たちに
3人称	le あなた / 彼 / 彼女に	les あなたがた / 彼ら / 彼女らに

◆動詞の前に置きます。（以下、___は直接目的、～～～は間接目的）

Tomo café con leche en el bar de José. Lo tomo todas las mañanas.

Aquí hay una manzana. ¿La quieres? — Sí, la quiero. / No, no la quiero.

Esta profesora nos enseña la gramática española.

◆直接・間接の両方が代名詞のとき、語順は「(no +) 間接 + 直接 + 動詞」の順。

Manuel me regala unas flores. → Manuel me las regala.

No te digo mi secreto. → No te lo digo.

◆さらに両方とも3人称のとき、le, les は se に変わります。

Manuel le regala unas flores. → Manuel se las regala.（×le las regala）

Compro caramelos a los niños. → Se los compro.（×les los compro）

 Sí, la como

2 親族名称

父母	padre, madre	きょうだい	hermano, hermana
祖父母	abuelo, abuela	息子・娘	hijo, hija
おじ・おば	tío, tía	いとこ	primo, prima
夫・妻	esposo (marido), esposa (mujer)		

日本のマンガはスペインでも大人気。男性名詞として "el manga" と呼ばれています。

3 所有詞

所有者	前置形 （名詞の前に置く）	後置形 （名詞の後に置く）
yo の	mi	mío
tú の	tu	tuyo
él / ella / usted の	su	suyo
nosotros / -tras の	nuestro	nuestro
vosotros / -tras の	vuestro	vuestro
ellos / ellas / ustedes の	su	suyo

◆mi, tu, su には後に続く名詞によって数の変化がある（性の変化はない）
　　　　mis amigos, tus fotos
◆その他は後に続く名詞によって性・数の変化がある　　nuestro coche, nuestra clase
　　　　　　　　　　　　　　　　　　　　　　　　　nuestros amigos, nuestras casas
◆後置形は前にあるはずの名詞を省略できる　¿De quién es este paraguas? — Es mío.
◆定冠詞 + 所有詞後置形　Tu casa es grande, pero la mía (= mi casa) es pequeña.

4 動詞gustarと好き嫌いの表現

Me	**gusta**	**la música.**
私に	好かれる	音楽が
〈間接目的語〉	（＜gustar）	〈主語〉

「私は音楽が好きです」（英. I like music.）

¿Te gusta el gazpacho? — Sí, me gusta mucho.
A mi hermana le gustan los perros.
A Manuel y a Clara les gusta la música clásica.
A mí me gustan las películas japonesas. Y ¿a ti? — A mí también. / A mí, no.
A mí no me gustan los gatos. — A mí, sí. / A mí tampoco.

5 比較級（2）… 不規則な比較級

原級（形容詞）	原級（副詞）	比較級
bueno	bien	mejor
malo	mal	peor
mucho	mucho	más
poco	poco	menos

◆形容詞の mejor, peor には複数形 mejores, peores がある
　Estas chaquetas son mejores que esas.
◆más, menos はいっさい変化なし
　Manuel tiene más libros que yo.

テレビでは「クレヨンしんちゃん」、コミックでは「ワンピース」が特に人気です。

Minilectura

Soy Clara. Estudio música clásica, pero también me gusta la música pop. Descargo varias canciones en mi teléfono móvil y las escucho cuando estoy libre. A Laura no le gusta la música pop. Toca muy bien la guitarra clásica, pero parece que no le interesa la guitarra eléctrica. A mí, sí. Algún día quiero aprender la guitarra eléctrica.

Notas

música [女] **clásica** クラシック音楽　　**música pop** ポップス
descargar ダウンロードする　　**varias** いろいろな（単数形のない形容詞 varios の女性複数形）
teléfono [男] **móvil** 携帯電話　　**cuando...** …するとき
parece que... …らしい　　**interesar** 興味を持たせる（gustarと同じ構文で使う）
eléctrico 電気の　　**algún día** いつの日か

Conversación　好きな作曲家

① Manuel : Laura, te gusta la música española, ¿verdad?
② Laura : Claro que me gusta mucho. Por eso estoy aquí.
③ Manuel : Ya. ¿Quién es tu compositor favorito?
④ Laura : Joaquín Rodrigo. Me encanta su «Concierto de Aranjuez».
⑤ Manuel : ¿Y el tuyo, Clara?
⑥ Clara : A mí me gustan Albéniz y Granados.
⑦ Manuel : ¿Cuál te gusta más?
⑧ Clara : Eso no lo puedo decidir.

Notas

② **Claro que....** もちろん…です。　　② **por eso** だから　　③ **Ya.** そうか、そうだよね。（納得の表現）
④ **Joaquín Rodrigo**　ホアキン・ロドリーゴ（1901 - 1999）→スペインの作曲家。
④ **«Concierto de Aranjuez»**「アランフエス協奏曲」
⑤ **el tuyo**（ここでは tu compositor favorito のこと）
⑥ **Granados = Enrique Granados**　エンリケ・グラナドス（1867 - 1916）→スペインのピアニスト、作曲家。
　代表作はピアノ曲「スペイン舞曲集」。
⑧ **Eso no lo puedo decidir.** それは決められない。（Eso は「そのこと」で lo「そのことを」と重複している）

1980 年代からすでにテレビで「ハイジ」などが放送されていました。

Ejercicios

1. （　　）内に 1 語ずつ入れて、スペイン語訳を完成させましょう。

1) 私は花が好きです。
    (　　)(　　　　　　) las flores.
2) 私は音楽を聴くのが好きです。
    (　　)(　　　　　　)(　　　　　　　) música.
3) ラウラはワインがあまり好きではありません。
    (　　)(　　　　　　)(　　　　)(　　　) gusta mucho el vino.
4) 今日は昨日より天気が良いです。
    Hoy hace (　　　　　　)(　　　　　　)(　　　　) ayer.
5) 私のパソコンは君のよりも性能が悪い。
    Mi ordenador es (　　　　　　)(　　　　) el tuyo.
6) 私は先生ほどたくさんの本を持っていません。
    Yo tengo (　　　　　　)(　　　　　　　)(　　　　　　) el profesor.

2. 例にならって、下線部の目的語を代名詞にして全文と書き換えましょう。

例：Compro el periódico. → Lo compro.

1) Escribo un correo. →
2) Escribo a Laura. →
3) Escribo un correo a Laura. →
4) Te doy las llaves. →
5) Le doy las llaves. →
6) La profesora enseña español a los estudiantes. →

3. 音声を聞いて、質問に自分の立場で答えてみましょう。　　　CD-44

1)

2)

3)

4)

今では驚くほど多様な日本のコミックの単行本がスペイン語に訳されて書店に並んでいます。

Lección 8 (ocho) ● 文法 Gramática

1 再帰動詞

再帰代名詞 「自分を/に」		動詞 「～する」 （例：**levantar**「起こす」）		再帰動詞 「自分を/に～する」 （例：**levantarse**「起きる」）	
me	nos	levanto	levantamos	me levanto	nos levantamos
te	os	levantas	levantáis	te levantas	os levantáis
se	se	levanta	levantan	se levanta	se levantan

再帰代名詞 + 動詞 = 再帰動詞

Todas las mañanas mi madre se levanta a las seis, pero yo me levanto más tarde.

♪ Me levanto, te levantas

2 再帰動詞のいろいろな使い方

1）本来の再帰「自分を/に～する」
   Me lavo la cara.
   Clara se lava las manos antes de tocar el piano.
   ¿Cómo te llamas? — Me llamo Masato.
   Me acuesto a las once. （＜acostarse, o → ue）
   ¿Nos sentamos aquí?

2）相互「互いに～し合う」
   Sonia y Julio se quieren mucho.
   Mis amigos españoles y yo nos enviamos muchos mensajes.

3）意味の強めや変化
   Me voy. — ¿Ya te vas?
   Mi padre se bebe una botella de vino.

4）再帰受身「～される」（主語は事物に限る）
   Aquí se dan clases de conversación.
   Los billetes de autobús se venden en los estancos.

5）不定主語「人は一般に～する」（3人称単数形のみ）
   De mi casa a la universidad se tarda 40 minutos en tren.
   En este restaurante se come muy bien.

スペインの朝食は菓子パンとコーヒーだけといったとても軽いものが普通です。

3 人称代名詞一覧   CD-46

		～が	前置詞+	～を	～に	再帰
単数	私（1人称）	yo	mí*	me		
	君（2人称）	tú	ti*	te		
	彼、彼女、あなた、それ（3人称）	él, ella, usted		lo, la	le (se)**	se
複数	私たち（1人称）	nosotros (-tras)		nos		
	君たち（2人称）	vosotros (-tras)		os		
	彼ら、彼女ら、あなた方、それら（3人称）	ellos, ellas, ustedes		los, las	les (se)**	se

*con + mí → conmigo　　con + ti → contigo

¿Vienes conmigo? — Sí, voy contigo.

🎵 人称代名詞を覚えましょう

**se は、直接目的の3人称の代名詞と一緒に用いられるときの形。（→第7課の ）

　Les enseño nuestras fotos. → Se las enseño.（×Les las enseño.）

4 形容詞の最上級

> 定冠詞（ときに所有詞前置形）＋比較級＋（de ＋ 比較の範囲）

Rosa es la más alta de la clase.
Este diccionario es el mejor y el más caro de todos.
Matilde es mi mejor amiga.

5 -mente 副詞

> 形容詞の女性単数形 ＋ -mente

Antonio habla lentamente.（← lento）
Asako lee esos libros fácilmente.（← fácil）
Antonio habla lenta y claramente.（× lentamente y claramente）

大都市以外では昼食を食べに家に帰り、食後に昼寝（siesta）をしてから再び仕事開始です。

Minilectura

Soy Laura. Los días entre semana me levanto a las seis y media. Me ducho, me visto, desayuno y salgo de casa a las ocho y cuarto. De las nueve a la una asisto a las clases. Después de las clases voy al comedor de alumnos y como con mis compañeros de clase. Por la tarde suelo practicar la guitarra en casa, pero a veces voy al cine y veo películas españolas. Las películas me sirven para aprender español. Normalmente me acuesto a las once.

Notas

los días [男複] **entre semana** 平日　　**vestirse**（e → i）服を着る、身支度をする
asistir a... …に出席する　　**comedor** [男] **de alumnos** 学生食堂
compañero [男] **de clase** クラスメイト　　**soler**（o→ue）＋ 不定詞　～するのが普通である
servir（ここでは）役に立つ

Conversación　食事の時間について

① Laura　　：No me acostumbro a la hora de comer de España. Aquí se come a las dos, ¿verdad?
② Manuel　：¿En Francia se come más temprano?
③ Laura　　：Sí. Se come a las doce o a la una.
④ Manuel　：Aquí nadie come a las doce. Y ¿el desayuno? ¿A qué hora se desayuna allí?
⑤ Laura　　：Igual que aquí. Normalmente se desayuna a las siete o a las ocho.
⑥ Manuel　：Desayunáis cruasán, ¿verdad? Me gustan mucho los cruasanes.
⑦ Laura　　：Y a mí me gustan mucho los churros.
⑧ Manuel　：Me alegro.

Notas

① **acostumbrarse a...**　…に慣れる　　⑤ **igual que...**　…と同じ
⑧ **alegrarse** 喜ぶ

カスティーリャ語は、通常スペイン語（**el español**）と呼ばれる言語と同じものです。

Lección 8

練習 Ejercicios

1. (　　) 内に適切な再帰代名詞を入れましょう。
   1) ¿Cómo (　　) llamas? —(　　) llamo Kumiko.
   2) Mi madre (　　) levanta muy temprano.
   3) (　　) tenéis que lavar bien las manos.
   4) José y Elena (　　) quieren mucho.
   5) Lucía (　　) va a poner su nuevo vestido.
   6) Los periódico y las revistas (　　) venden en los quioscos.
   7) Siempre (　　) sentamos en la primera fila del aula.
   8) No (　　) ducho por la mañana, sino por la noche.

2. スペイン語に訳しましょう。
   1) サラは出かける前に髪をとかす。（Sara, peinarse）

   2) 切符はどこで売っていますか？（los billetes）

3. 自分の生活について、次の質問にスペイン語で答えましょう。
   1) ¿A qué hora te levantas entre semana?

   2) ¿Cómo vienes a la universidad?
      （en tren, en autobús, en metro, en bicibleta, en coche, en moto, a pie）

   3) ¿Comes normalmente en el comedor de alumnos?

   4) ¿A qué hora te acuestas?

4. 音声を聞いて、質問に自分の立場で答えましょう。　　CD-49
   1)

   2)

   3)

バスク語は他の公用語３言語とは全く異なる言語で、日本語と同じく系統不明です。

Lección 9 (nueve) ●文法 Gramática

CD-50 **1** 点過去と線過去（1）（＿＿が点過去、＿＿が線過去）

Cuando llegué al estadio, ya había mucha gente.
私がスタジアムに着いたとき、すでに大勢の人がいた。
Cuando me duchaba, sonó el teléfono.
私がシャワーを浴びていたときに電話が鳴った。

2 点過去の規則活用

cantar

canté	cantamos
cantaste	cantasteis
cantó	cantaron

comer

comí	comimos
comiste	comisteis
comió	comieron

vivir

viví	vivimos
viviste	vivisteis
vivió	vivieron

つづり字に注意が必要な動詞
buscar: busqué, buscaste... **llegar:** llegué, llegaste...
empezar: empecé, empezaste...

La clase empezó a la una.
Mis amigos comieron paella y yo comí ensalada.
Satomi vivió tres años en Chile.
Ayer llovió todo el día.

3 点過去の不規則活用（1）… 語幹母音変化動詞の –ir 動詞

sentir
[現在 1 単 siento]

sentí	sentimos
sentiste	sentisteis
sintió	sintieron

pedir
[現在 1 単 pido]

pedí	pedimos
pediste	pedisties
pidió	pidieron

dormir
[現在 1 単 duermo]

dormí	dormimos
dormiste	dormisteis
durmió	durmieron

¿No sintió Ud. el terremoto de anoche? — No, yo no sentí nada.
Todos pidieron una caña de cerveza.
Anoche el bebé durmió muy bien.
Las tres amigas se divirtieron mucho en el viaje. （＜divertirse, 現在 1 単 me divierto）
Nos sirvieron una carne guisada muy rica. （＜servir, 現在 1 単 sirvo）
Picasso murió en 1973 (mil novecientos setenta y tres). （＜morir, 現在 1 単 muero）

スペインは美術大国でもあり、「裸のマハ」、「着衣のマハ」の作者 **Goya** は特に有名です。

4 点過去の不規則活用（2）   CD-51

querer

quise	quisimos
quisiste	quisisteis
quiso	quisieron

tener

tuve	tuvimos
tuviste	tuvisteis
tuvo	tuvieron

decir

dije	dijimos
dijiste	dijisteis
dijo	dijeron

hacer → hice　　**estar** → estuve　　**poder** → pude　　**traer** → traje
venir → vine　　**saber** → supe　　**poner** → puse　　**conducir** → conduje

Ayer hizo mal tiempo todo el día.
Anteayer vino a verme un viejo amigo mío.
La semana pasada tuvimos un examen muy difícil.
El mes pasado supe esa estupenda noticia.
Ayer mis padres me dijeron la verdad.

5 点過去の不規則活用（3）

leer

leí	leímos
leíste	leísteis
leyó	leyeron

dar

di	dimos
diste	disteis
dio	dieron

ser / ir

fui	fuimos
fuiste	fuisteis
fue	fueron

creer: creí, ..., creyó, ..., creyeron
oír: oí, ..., oyó, ..., oyeron

¿Leíste el periódico de hoy? — No, no lo leí.
El profesor nos dio unos deberes.
Ayer fue domingo.
Ayer fue a Toledo.
El sábado pasado fuimos a Sevilla en AVE.

 ワルツ de 点過去

Goya（1746〜1828）の他 **Velázquez**（1599〜1660），**El Greco**（1541〜1614）も重要です。

Minilectura

Isaac Albéniz nació en Camprodón, Gerona, en 1860 (mil ochocientos sesenta). Empezó su carrera musical como un pianista genial. Ya a los cuatro años tocó el piano delante del público de Barcelona. Entró en el Conservatorio de Madrid, pero luego huyó de allí. El rey Alfonso XII (doce) le dio una beca, y gracias a esa beca pudo entrar en el famoso Conservatorio de Bruselas a la edad de 16. Tres años más tarde se graduó con un primer premio en piano. (Continúa en la lección 11)

Notas

Camprodón, Gerona ジローナ県（カタルーニャ地方の県）カンプロドン
carrera [女] **musical** 音楽家としてのキャリア　　**como...** …として　　**genial** 天才的な
a los cuatro años 4歳のとき　　**delante de...** …の前で
el Conservatorio [男] **de Madrid** マドリード音楽院　　**beca** [女] 奨学金　　**gracias a...** …のおかげで
Bruselas ブリュッセル　　**más tarde** のちに　　**graduarse** 卒業する　　**primer premio** 1等賞

Conversación　和声学の試験

① José : Tienes cara de sueño, Clara. ¿Qué te pasa?
② Clara : Es que ayer tuve que estudiar hasta muy tarde.
③ José : ¿Y eso?
④ Clara : Hoy tengo un examen escrito de armonía. Pero ayer por la tarde vinieron a mi piso mis amigos colombianos. Están de viaje y no pude rechazarlos. Laura se fue a su habitación y empezó a practicar la guitarra. ¡Pude empezar a preparar el examen a las diez!
⑤ José : Vale. Ahora te hago un café solo muy fuerte. Y ¡mucha suerte en el examen!
⑥ Clara : Gracias, José.

Notas

① **cara de sueño** 眠い顔　　① **¿Qué te pasa?** どうしたの？
② **Es que...** 実は…なんです。　　④ **armonía** [女] 和声学（音楽理論の一分野で、作曲技法の基礎）
④ **estar de viaje** 旅行中である　　④ **rechazar** 拒否する、追い返す
④ **se fue ＜ irse**（→第8課）　　④ **empezar a ＋ 不定詞** 〜し始める
⑤ **Vale.** オーケー。わかった。　　⑤ **un café solo muy fuerte** とても濃いブラックコーヒー
⑤ **¡Mucha suerte en... !** …をがんばって！（直訳は「〜で多くの幸運を！」）

Madrid や Barcelona のような大都市には大小の美術館がまさに無数にあります。

Lección 9

 Ejercicios

1. [　] 内の動詞を点過去形にして下線部に書き入れましょう。
   1) Ayer nosotros _____ pescado. [comer]
   2) Anteayer Daniel _____ de casa a las siete y media. [salir]
   3) Ayer yo _____ por la mañana. [ducharse]
   4) Pablo y Diego _____ a muchas amigas a la fiesta anoche. [traer]
   5) Mis amigos _____ a Tokio el sábado pasado. [venir]
   6) Akira _____ un viaje a China el año pasado. [hacer]
   7) ¿Tú me _____ la verdad? — Sí, te la _____ . [decir]
   8) ¿A dónde _____ tú la semana pasada? [ir]
   9) ¿Dónde _____ Uds. el domingo pasado? [estar]
   10) ¿Dónde _____ Ud. su bolso? [poner]

2. 点過去を用いてスペイン語に訳しましょう。
   1) この前の土曜日、私はアルゼンチンの友だちからメールを１通受け取りました。
      （recibir, un correo, amiga argentina）

   2) 友人たちが私に誕生日のプレゼントをくれました。

   3) 彼の妻はとても高い料理を注文しました。（un plato muy caro）

   4) 私たちは８時間眠りました。

   5) 先週は君に電話する時間がなかったよ。（tiempo para llamarte）

   6) 昨日はとても天気が悪かった。

3. 音声を聞いて、昨日の午後ホセがどのように過ごしたか、日本語で言ってみましょう。　**CD-54**

ピカソ美術館はたくさんあります。2003年には生地 **Málaga** にもピカソ美術館がオープン。

37

Lección 10 (diez) ● 文法 Gramática

1 数詞 101 ～ 1 500 000

101 ciento uno (un, una)　102 ciento dos ...　157 ciento cincuenta y siete
200 doscientos, -tas　　 300 trescientos, -tas　400 cuatrocientos, -tas
500 quinientos, -tas　　 600 seiscientos, -tas　700 setecientos, -tas
800 ochocientos, -tas　　900 novecientos, -tas　1 000 mil
1 492 mil cuatrocientos noventa y dos
2 000 dos mil　　2 010 dos mil diez　　3 100 tres mil cien
10 000 diez mil　　100 000 cien mil　　1 000 000 un millón
987 654 novecientos ochenta y siete mil seiscientos cincuenta y cuatro
1 500 000 un millón quinientos mil

 De veinte a mil 　　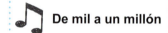 De mil a un millón

2 曜日

| 月 lunes | 火 martes | 水 miércoles | 木 jueves |
| 金 viernes | 土 sábado | 日 domingo | |

 Lunes, martes, miércoles

3 疑問詞

qué	¿Qué lees?	¿Qué música te gusta?
quién (quiénes)	¿Quiénes son estos señores?	¿A quién buscas?
cuál (cuáles)	¿Cuál es tu número de teléfono?	¿Cuáles son tus zapatos?
cuándo	¿Cuándo empieza el próximo semestre?	
cuánto (-ta, -tos, -tas)	¿Cuánto cuesta?	¿Cuántos años tienes?
cómo	¿Cómo estás?	¿Cómo te llamas?
dónde	¿Dónde vives?	¿A dónde vas?
por qué	¿Por qué hay tanta gente aquí?	
	— Porque va a llegar el equipo japonés.	

イベリア半島がローマの支配を受けたころ、この地はラテン語で **Hispania** と呼ばれました。

4 感嘆文

¡Qué ＋ 形容詞!　　　¡Qué grande es esta casa!
¡Qué ＋ 副詞!　　　　¡Qué bien canta Manuel!
¡Qué ＋ 名詞 ＋ tan（または**más**）**＋ 形容詞!**
　　　　　　　　　¡Qué música tan bonita!　　¡Qué paella más rica!

5 不定語・否定語

algo ⇔ nada　　　¿Tienes algo? — No, no tengo nada.
alguien ⇔ nadie　¿Vino alguien? — No, no vino nadie (=No, nadie vino).
alguno ⇔ ninguno　¿Viste alguna película interesante?
　　　　　　　　　　— No, no vi ninguna (= ninguna película interesante).
　　　　　　　　　　¿Leíste algún libro interesante?
　　　　　　　　　　— No, no leí ninguno (= ningún libro interesante).

6 日付

1月	enero	2月	febrero	3月	marzo	4月	abril
5月	mayo	6月	junio	7月	julio	8月	agosto
9月	septiembre	10月	octubre	11月	noviembre	12月	diciembre

¿A qué estamos hoy? — Estamos a 30 de noviembre.
¿Qué fecha es hoy? — Hoy es 30 de noviembre.

 Enero, febrero, marzo

711年にイスラム勢力が侵入、以来800年間の **Reconquista**（国土回復運動）が続きます。

Minilectura

El pasado viernes fue la fiesta de cumpleaños de Manuel. Unos diez amigos se reunieron en la casa de Manuel para celebrar su cumpleaños. Manuel mismo preparó una cena para la fiesta y los amigos trajeron bebidas y regalos. Sus padres viven lejos y no pudieron venir, pero lo llamaron para felicitarlo. Clara y Laura le regalaron una bufanda para proteger la garganta, muy importante para un cantante. Todos lo pasaron muy bien.

Notas

unos + 数詞 約、およそ〜　　**reunirse** 集まる　　**celebrar** 祝う
Manuel mismo マヌエル自身が　　**felicitar** お祝いを言う　　**bufanda** [女] マフラー
pasarlo bien 楽しく過ごす

Conversación　マヌエルの誕生日

① Clara : ¿Sabes que pronto viene el cumpleaños de Manuel?
② Laura : Ah ¿sí? ¿Cuándo es?
③ Clara : Es el 30 de octubre.
④ Laura : ¡Es este viernes! Tenemos que dar una fiesta.
⑤ Clara : Sí. ¿Qué te parece si le hacemos un regalo?
⑥ Laura : Buena idea. ¿Qué le compramos?
⑦ Clara : No sé. Hmm, vamos a los grandes almacenes y pensamos allí.
⑧ Laura : Muy bien.

Notas

④ **este viernes** 今週の金曜日　　④ **dar una fiesta** パーティーを開く
⑤ **¿Qué te parece si...?** …するのはどう？（提案の表現）
⑦ **grandes almacenes** [男複] デパート

1492年に最後のイスラム領土であった **Granada** が陥落、「レコンキスタの完成」です。

Lección **10**

 Ejercicios

1. 次の数詞をスペイン語で書きましょう。*印のついたものは男性形と女性形の区別があります。それらは両方を書きましょう。

   125　　480*　　2 019　　8 571*

2. (　　) の中に入れるのに最も良いものを後の {　　} の中から一つ選びましょう。
   1) ¿ (　　) tomas? — Tomo un café con leche. {Cuál / Cuándo / Qué}
   2) ¿ (　　) es la clase de inglés? — Es a la una y diez.
      {Cómo / Cuándo / Dónde}
   3) ¿ (　　) son estos señores? — Son nuestros profesores.
      {Cómo / Quién / Quiénes}
   4) ¿ (　　) hermanos tienes? — Tengo dos: un hermano mayor y una hermana menor. {Cuándo / Cuánto / Cuántos}
   5) ¿ (　　) son tus zapatos? — Los míos son estos. {Cuáles / De quién / Qué}
   6) ¿ (　　) son Uds.? — Somos de Japón. {De dónde / Dónde / Quiénes}
   7) ¿ (　　) están Uds.? — Estamos muy bien, gracias.
      {Cómo / Cuándo / Dónde}
   8) ¡ (　　) rica paella! {Cómo / Cuánto / Qué}

3. 音声を聞いて、左側の西暦年と右側のスペインで起きた出来事とを結びつけましょう。　**CD-59**

   1479 ・　　　　・ Terminó la dictadura de Francisco Franco.
   1588 ・　　　　・ Felipe VI fue proclamado nuevo rey.
   1701 ・　　　　・ Inglaterra ganó a la Armada Invencible.
   1936 ・　　　　・ Se formó el Reino de España.
   1975 ・　　　　・ Se celebraron los Juegos Olímpicos de Barcelona.
   1992 ・　　　　・ Empezó la Guerra Civil Española.
   2014 ・　　　　・ Empezó la Guerra de Sucesión Española.

1492年は重要な年。コロンブスの新大陸到達、初めてのスペイン語文法書の刊行なども。

Lección 11 (once) ●文法 Gramática

1 線過去の規則活用 （____ が点過去、____ が線過去）

cantar

cantaba	cantábamos
cantabas	cantabais
cantaba	cantaban

comer

comía	comíamos
comías	comíais
comía	comían

vivir

vivía	vivíamos
vivías	vivíais
vivía	vivían

Cuando la conocí, ella estudiaba historia.
Cuando la conocí, ella tenía 18 años.
Cuando la conocí, ella vivía en Tokio.

2 線過去の不規則活用

ser

era	éramos
eras	erais
era	eran

ir

iba	íbamos
ibas	ibais
iba	iban

ver

veía	veíamos
veías	veíais
veía	veían

Cuando era niño, me gustaba mucho jugar con mis amigos.
Cuando éramos niños, íbamos muchas veces al parque.
Cuando era niña, siempre veía la televisión.

 サンバで線過去

3 線過去の使い方

1) 過去において継続していた行為・状態

　　Entonces vivíamos en una casa pequeña.
　　Entonces Carlos estaba enamorado de Victoria.

2) 過去において繰り返された行為・状態

　　Vicente siempre llegaba tarde a clase.
　　En aquellos días siempre íbamos a cafetería después de la clase.

3) 時制の一致

　　Joaquín me dijo: "Quiero estudiar informática."
　　Joaquín me dijo que quería estudiar informática.

標高2280mに位置する都市遺跡 **Machu Picchu** はインカ帝国時代のものとされています。

4 点過去と線過去（2）　　CD-61

Cuando yo miraba la partitura, me robaron la cartera.
Cuando entré en la sala de estar, mi padre miraba la televisión.
Me levanté y abrí la ventana. Hacía buen tiempo.
Ayer jugamos al fútbol.
Antes jugábamos al fútbol.

5 現在分詞の作り方

1) 規則的な現在分詞

| -ar → -ando | -er / -ir → -iendo |

cantar → cantando　　**comer** → comiendo　　**vivir** → viviendo

◆「母音 + iendo」は「母音 + yendo」に変わります。

leer → leyendo（×leiendo）　　**oír** → oyendo（× oiendo）

2) 不規則な現在分詞（すべて-ir動詞）

sentir → sintiendo　　**pedir** → pidiendo　　**seguir** → siguiendo
decir → diciendo　　**venir** → viniendo　　**dormir** → durmiendo

6 現在分詞の使い方

1)「～しながら」

Mario va corriendo a la universidad.
Esperé el autobús leyendo un libro.

2) estar + 現在分詞「～している（最中である）」

Los estudiantes están estudiando en la biblioteca.
Cuando la mamá abrió la puerta, el niño ya estaba durmiendo.

7 関係代名詞 que

El edificio está al lado de mi casa.　　その建物は私の家のとなりにあります。
→ el edificio que está al lado de mi casa　私の家のとなりにある建物
Conocí a la chica en la fiesta.　　私はその女の子とパーティーで知りあいました。
→ la chica que conocí en la fiesta　私がパーティーで知りあった女の子
En Barcelona vive un tío mío, que trabaja en una compañía comercial.
(= En Barcelona vive un tío mío, y él trabaja en una compañía comercial.)

 La chica que conocí

ペルーにはインカ帝国以前にも様々な文明が栄えていたと考えられています。

Minilectura

Después de muchos años viajando por varios países y haciendo muchos conciertos, Isaac Albéniz se mudó de Madrid a París en 1894, cuando tenía 34 años. Allí quería aprender la técnica de composición musical moderna. Sus obras principales nacieron en París. Eran demasiado modernas para el público español y no tenían mucho éxito en España. Murió en el sur de Francia en 1909 antes de cumplir los 49 años, pero su cariño a España se deja ver en su última y más famosa obra *Iberia*.

Notas

mudarse 転居する　　**composición** [女] **musical** 作曲　　**principal** 主要な
tener éxito [男] 成功する　　**cumplir los 49 años** 満49歳になる　　**cariño** [男] 愛着
dejarse ver 現れている　　*Iberia*「イベリア」（アルベニス最晩年のピアノ曲集。全12曲）

Conversación　クララのピアノ歴

① Manuel　：¿Cuándo empezaste a aprender piano?
② Clara　　：Empecé a aprenderlo cuando tenía cinco años. Todos los sábados por la tarde iba a la casa de mi tía, que era profesora de piano.
③ Manuel　：¿Tu tía es pianista?
④ Clara　　：Era profesora más que pianista. Ahora ya no enseña, pero entonces daba clases particulares de piano a los niños. Un día me dijo que yo tocaba mejor que ella, y temporalmente dejé de aprender piano.
⑤ Manuel　：¡Tenías talento!

Notas

④ **más que...**　…よりもむしろ　　④ **clase** [女] **particular** 個人レッスン
④ **temporalmente** 一時的に　　④ **dejar de** + 不定詞　～するのをやめる

カタルーニャ人同士では、カタルーニャ語で話すのが普通ですが…

Lección 11

練習　Ejercicios

1. 例にならって ahora「今」を消し、文頭に También antes「以前も」を加えて、線過去の文に書き換えましょう。

   例　Ahora Paula siempre come con sus amigos.
   → También antes Paula siempre comía con sus amigos.

   1) Ahora Alejandro siempre vuelve a casa en tren.

   2) Ahora voy al cine todos los domingos.

   3) Ellos son ricos ahora.

2. [　]内の動詞を使い、_____ 部に点過去形、_____ 部に線過去形を入れて文を完成させましょう。

   1) 父は大学で経済学を勉強しました。[estudiar]
      Mi padre _____ economía en la universidad.
   2) クララは6歳のときに英語を習い始めました。[empezar, tener]
      Clara _____ a aprender inglés cuando _____ cinco años.
   3) 父が家に帰りついたとき、もう11時でした。[ser, llegar]
      Ya _____ las once cuando mi padre _____ a casa.
   4) 昨日は雨が降っていたので、私は一日中家にいました。[estar, estar]
      Ayer _____ en casa todo el día, porque _____ lloviendo.
   5) 私たちはこの前の日曜日にサッカーをした。[jugar]
      _____ al fútbol el domingo pasado.
   6) 私たちは毎週日曜日にサッカーをしたものだった。[jugar]
      _____ al fútbol todos los domingos.
   7) 私はバルセロナにいたときにこのTシャツを買いました。[comprar, estar]
      _____ esta camisata cuando _____ en Barcelona.

3. 音声を聞いて、誰が何歳のときに何をしたのか、日本語で言ってみましょう。

   CD-64

カタルーニャ人以外の人が会話に加わっているときは、スペイン語で話します。

Lección 12 (doce) ●文法 Gramática

1 過去分詞の作り方

1) 規則的な過去分詞

| -ar → -ado | -er / -ir → -ido |

cantar → cantado　　comer → comido　　vivir → vivido

2) 不規則な過去分詞

abrir → abierto　　poner → puesto　　decir → dicho　　escribir → escrito
hacer → hecho　　volver → vuelto　　romper → roto　　ver → visto

◆形容詞「～された」として使う場合、性・数の変化があります。
　例：cantado, cantada, cantados, cantadas
　　　una novela escrita en español
　　　Estas máquinas están rotas.
◆完了形時制（「○○完了」という名前の時制）を作る場合、性・数の変化はなく、-o で終わる形のみを使います。（次の 2 を参照）

2 現在完了の活用

| haber の現在 + 過去分詞 |

haber の現在

he	hemos
has	habéis
ha	han

→

comer の現在完了

he comido	hemos comido
has comido	habéis comido
ha comido	han comido

◆目的語になる代名詞、再帰代名詞は haber の現在形の前に置きます。
　例：lavarse: me he lavado, te has lavado...

練習：次の動詞を現在完了に活用してみましょう。
　　　desayunar, comer, cenar, comprar, salir
　　　abrir, decir, escribir, ver, volver
　　　levantarse, lavarse, acostarse

 He comido, has comido

ドン・キホーテの作者 Cervantes は60歳近くになって創作を始めた特異な経歴を持ちます。

3 現在完了の使い方

CD-66

1) 現在までに完了した行為・できごと「もう〜した / まだ〜していない」

¿Has comido ya? — Sí, ya he comido.

¿Ha llegado el médico? — No, todavía no ha llegado.

2) 現在までの経験「〜したことがある / ない」

¿Ha visto Ud. alguna vez el baile flamenco? — Sí, lo he visto una vez.

¿Habéis estado en Perú? — No, no hemos estado allí nunca.

3) 現在を含むひとつの時間単位の中での行為・できごと「〜した / しなかった」

Normalmente me levanto a las siete, pero esta mañana me he levantado a las seis.

Este verano ha llovido mucho.

4 受身文

1) estar 受身（状態受身）

（主語 ＋）estar ＋ 過去分詞［主語と性数一致］（＋ por / de ＋ 動作主）

La puerta está cerrada.

La tienda estaba abierta.

La plaza está rodeada de edificios altos.

2) ser 受身（動作受身）

（主語 ＋）ser ＋ 過去分詞［主語と性数一致］（＋ por / de ＋ 動作主）

El Quijote fue escrito por Cervantes.

El acueducto de Segovia fue construido por los romanos en el siglo I (uno).

◆受身には、再帰動詞を使った言い方もあります。（→第8課 2 ）

ドン・キホーテの時代、スペインでは超人的な騎士が活躍する騎士道小説が盛んでした。

Minilectura

¿Habéis oído el término *zarzuela*? Es una forma de música teatral, típica de España. En la zarzuela algunas partes no son cantadas sino habladas. Normalmente consta de un solo acto, y la duración es de una hora, mucho más corta que la de las óperas. Dicen que el comienzo de la zarzuela se remonta al siglo XVII, pero la época dorada de la zarzuela fue entre finales del siglo XIX y principios del XX. Las obras de la zarzuela se caracterizan por su tono popular y su espíritu crítico.

Notas

término [男] 用語　　**música** [女] **teatral** 音楽劇　　**típico** 典型的な、独特の
no ... sino ~ …ではなく~　　**constar de...** …から成る　　**acto** [男]（演劇の）幕
la de las óperas = la duración de las óperas　　**dicen que...** …と言われている
remontarse a... …にさかのぼる　　**época** [女] **dorada** 黄金期
finales [男複] 終わりごろ　　**principios** [男複] 始めごろ
caracterizarse por... …によって特徴づけられる　　**tono** [男] **popular** 大衆的響き
espíritu [男] **crítico** 批判精神

Conversación　サルスエラの話（その1）

① José　　　：¿Ya os han puesto las gambas?
② Clara　　　：Sí, José, pero todavía no me has puesto el vino blanco que te pedí...
　　　　　　　Manuel, tú siempre estás mirando el móvil.
③ Manuel　　：¡Mira, Clara, el próximo mes van a poner *La verbena de la Paloma*
　　　　　　　en el Teatro Real!
④ Clara　　　：¿La zarzuela? ¡Qué bien!
　　　　　　　¿Todavía no están agotadas las entradas? Es que
　　　　　　　no la he visto nunca y siempre he querido verla.

Notas

② **móvil** = teléfono [男] **móvil** 携帯電話　　③ **poner**（ここでは）上演する
③ *La verbena de la Paloma*「ラ・パロマの夜祭」→ トマス・ブレトン（Tomás Bretón, 1850 – 1923）作のサルスエラ
③ **el Teatro Real**（マドリードの）王立劇場
④ **zarzuela** [女] サルスエラ（スペイン独特の軽喜歌劇）
④ **¡Qué bien!** 素晴らしい！

Cervantes の次に有名なスペインの作家はおそらく **García Lorca** でしょう。

Ejercicios

1. （　　）の中に入れるのに最も良いものを後の｛　　｝の中から一つ選びましょう。

1) Me gusta (　　　　) música. ｛escuchar / escuchando / escuchado｝
2) José lava los platos (　　　　). ｛cantar / cantando / cantado｝
3) Los bancos están (　　　　). ｛abrir / abriento / abiertos｝
4) Cecilia está (　　　　) a su novio en la cafetería.
　　　　｛esperar / esperando / esperada｝
5) Esta profesora es muy (　　　　) en Europa.
　　　　｛conocer / conociendo / conocida｝

2. ［　　］内の動詞を現在完了形にして（　　）内に書き入れましょう。

1) Nosotros (　　　　　　) ya. [comer]
2) Yo no (　　　　　　) ocasión de viajar al otro país. [tener]
3) Yo (　　　　　　) esa canción esta mañana. [oír]
4) Desde ese día ya (　　　　　　) cinco años. [pasar]
5) Yo nunca (　　　　　　) alemán [aprender]
6) ¿(　　　　　　) usted alguna vez en España? [estar]
7) ¿A qué hora (　　　　　　) tú esta mañana? [levantarse]
8) Yo todavía no (　　　　　　) su correo. [leer]

3. スペイン語に訳しましょう。

1) 私はもうこの小説を読み終えてしまいました。(terminar de leer)

2) 私はまだこの新しいスペイン映画を見ていません。(película española)

3) この夏はたくさん雨が降った。(este verano)

4) ガルシア夫人は自分の子どもたちに囲まれています。(Sra. García, hijos)

4. 音声を聞いて、Manuel と Clara が今朝何をしたか、日本語で言ってみましょう。

CD-69

García Lorca は多くの優れた詩や戯曲を残しましたが、内戦時に銃殺されました。

Lección 13 *(trece)* ● 文法 Gramática

1 不定詞

不定詞（＝動詞の原形）は「～すること」という名詞的な働きをします。
Ver es creer.　Querer es poder.
Quiero viajar por Europa.　A los cubanos les gusta bailar.

2 肯定命令（1）… tú, vosotros

1) tú に対する肯定命令形は、現在3人称単数形と同じです。

　　cantar → canta　　**comer** → come　　**escribir** → escribe

　例外：**decir** → di　　**hacer** → haz　　**ir** → ve　　**poner** → pon
　　　　salir → sal　　**tener** → ten　　**venir** → ven

 Di, haz, ve, pon, sal, ten, ven

2) vosotros に対する肯定命令形、不定詞の最後の –r を –d に変えて作ります（例外なし）。

　　cantar → cantad　　**comer** → comed　　**escribir** → escribid

　◆ただし最近では不定詞そのままの形（cantar, comer, escribir）を vosotros への肯定命令に使うことも多くなってきました。

3 肯定命令（2）… usted, ustedes, nosotros

-ar 動詞…現在1人称単数形の –o を
　　　-e (usted), -emos (nosotros), -en (ustedes) に変える
-er 動詞、**-ir** 動詞…現在1人称単数形の –o を
　　　-a (usted), -amos (nosotros), -an (ustedes) に変える

◆Nosotrosに対する肯定命令形は「～しましょう」という意味を持ちます。

cantar	comer	escribir
canta (tú)	come (tú)	escribe (tú)
cante (Ud.)	coma (Ud.)	escriba (Ud.)
cantemos (nosotros)	comamos (nosotros)	escribamos (nosotros)
cantad (vosotros)	comed (vosotros)	escribid (vosotros)
canten (Uds.)	coman (Uds.)	escriban (Uds.)

スペインは「光と影の国」と言われますが、この言葉は特に南部によく当てはまります。

4 形容詞・副詞の意味を強める -ísimo

CD-71

もとの形容詞・副詞が母音で終わっている場合は、その母音を消して –ísimo を加えます。
形容詞には性・数の変化があります。

例：difícil → dificilísimo, dificilísima, dificilísimos, dificilísimas
　　alto　 → altísimo, altísima, altísimos, altísimas

Este problema es facilísimo.
¡Qué rica! ¡Esta paella está riquísima!
He visto una película interesantísima.
Aquellos estudiantes son inteligentísimos.
Muchísimas gracias.（×muy muchas）

5 順序数詞「〜番目の」

1.º / I primero	2.º / II segundo	3.º / III tercero	
4.º / IV cuarto	5.º / V quinto	6.º / VI sexto	
7.º / VII séptimo	8.º / VIII octavo	9.º / IX noveno	10.º / X décimo

La 9.ª (novena) sinfonía de Beethoven es famosa en todo el mundo.
La sala de informática está en el 4.º piso.

el 1.er (primer) piso　　el 3.er (tercer) piso　　el piso 11（once）
Estamos en el siglo XXI（veintiuno）.

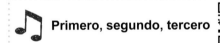 Primero, segundo, tercero

---

南部の Andalucía 地方の夏の暑さは厳しく、40度を超えることが珍しくありません。

CD-72

Minilectura

La zarzuela de marisco es un plato típico de la cocina española y se suele preparar para ocasiones especiales. Actualmente en Japón hay muchos restaurantes españoles que la sirven, así que pruebe la zarzuela si la encuentra. Pero no es demasiado difícil prepararla en casa. Normalmente contiene sepias, gambas, almejas y mejillones, pero se puede hacer con los mariscos de la preferencia del cocinero y de los invitados. Lo importante es prepararla con ingredientes frescos.

Notas

plato [男] 料理　　**cocina** [女] **española** スペイン料理　　**preparar** 準備する、（料理を）作る
actualmente 現在では　　**así que** だから　　**sepia** [女] イカ　　**gamba** [女] 小エビ　　**almeja** [女] アサリ
mejillón [男] ムール貝　　**preferencia** [女] 好み　　**lo importante** 重要なこと　　**ingrediente** [男] 食材

 CD-73

Conversación　サルスエラの話（その2）

① Manuel : Espera, que voy a ver si quedan entradas.
② Clara　 : Sí, y si quedan, saca dos entradas... no, espera. Llama a Laura a ver si le interesa verla.
③ José　　: El vino blanco para Clara. ¿De qué estáis hablando?
④ Clara　 : De la zarzuela. ¿Te gusta la zarzuela?
⑤ José　　: Me gusta muchísimo. Especialmente la de marisco.
⑥ Clara　 : No es esa zarzuela. Estamos hablando de la música teatral.
⑦ José　　: ¡Ay, qué desilusión!
⑧ Clara　 : ¿Qué dices, José? Es interesantísima.

Notas

①, ② **si...** …かどうか　　② **si...** もし…なら
⑤ **la de marisco** = la zarzuela de marisco シーフードのサルスエラ（zarzuela には「魚介類の煮込み」の意味もある）　　⑦ **desilusión** [女] 失望

Granada, Sevilla、それにイスラムの寺院で有名な Córdoba は Andalucía の都市です。

Lección **13**

 Ejercicios

1. （　　）内に適切な動詞の不定詞を入れてスペイン語訳を完成させましょう。
   1) 私は鉄道で旅行するのが好きです。
      Me gusta (　　　　　) en tren.
   2) 授業中に質問することはとても重要です。
      Es muy importante (　　　　　) en clase.
   3) 私は8時間寝ずに勉強しました。
      Estudié ocho horas sin (　　　　　).

2. 肯定命令形を使って、tú, vosotros, Ud., Uds. に対する命令文を作りましょう。
   1) スペイン語を話してください。

   2) この本を読んでください。

   3) ここに来てください。

   4) あかりをつけてください。（escender, e→ie）

3. 会話（Conversación）の内容について、次の質問にスペイン語で答えましょう。
   1) ¿Qué quiere comprar Manuel?

   2) ¿Qué le pidió Clara a José?

   3) ¿Qué tipo de zarzuela le gusta a José?

   4) ¿A José le interesa la zarzuela, la música teatral?

4. 音声を聞いて、その指示通りに動いてみましょう。　　CD-74
   1)

   2)

   3)

スペイン北部は南部とは対照的に湿潤で、夏も過ごしやすい気候です。

Lección 14 (catorce) ●文法 Gramática

1 否定命令

否定命令（＝禁止）は no のあとに次の形を置きます。

-ar 動詞…現在１人称単数形の –o を
-es (tú), -e (usted), -emos (nosotros), -éis (vosotros), -en (ustedes) に変える

-er 動詞、-ir動詞…現在１人称単数形の –o を
-as (tú), -a (usted), -amos (nosotros), -áis (vosotros), -an (ustedes) に変える

cantar	comer	escribir
no cantes (tú)	no comas (tú)	no escribas (tú)
no cante (Ud.)	no coma (Ud.)	no escriba (Ud.)
no cantemos (nosotros)	no comamos (nosotros)	no escribamos (nosotros)
no cantéis (vosotros)	no comáis (vosotros)	no escribáis (vosotros)
no canten (Uds.)	no coman (Uds.)	no escriban (Uds.)

2 命令形と目的語になる人称代名詞

1) 肯定命令の場合

目的語になる人称代名詞（再帰代名詞を含む）は肯定命令形のあとにつけて１語のように書きます。アクセントの位置を変えないためにアクセント記号が必要になることが多いです。

Lee (tú) + este libro. → Lee + lo. → Léelo.
Da (tú) + a tu padre + esas llaves. → Da + le + las. → Dáselas.
Levante (usted) + se. → Levántese.
Lava (tú) + te + las manos. → Lava + te +las. → Lávatelas.

◆再帰動詞のnosotros, vosotrosに対する肯定命令形

Levantemos + nos. → Levantémonos.
Levantad + os. → Levantaos.

2) 否定命令の場合

目的語になる人称代名詞（再帰代名詞を含む）は no と動詞の間に入れます。

No leas + este libro. → No lo leas.
No des + a tu padre + esas llaves. → No + le + las + des. → No se las des.
No se levante.
No te laves + las manos. → No te las laves.

Léelos, léelos

スペイン人がアメリカ大陸に行くまで、トマトはアメリカ大陸にしかありませんでした。

3 命令形のまとめ … sentarse「すわる」の全命令形　CD-76

tú	vosotros	usted	ustedes	nosotros
siéntate no te sientes	sentaos no os sentéis	siéntese no se siente	siéntense no se sienten	sentémonos no nos sentemos

4 目的語になる人称代名詞（再帰代名詞を含む）の位置のまとめ

> ① 動詞の活用形（肯定命令形を除く）の前に置く
> ② 不定詞・現在分詞・肯定命令形の後につける

Compro este móvil. → ① Lo compro.（×Cómprolo.）
Tome esta medicina. → ② Tómela.（×La tome.）
No tome esta medicina. → ① No la tome.（×No tómela.）
Quiero comprar este móvil. → ① Lo quiero comprar. / ② Quiero comprarlo.
Voy a enviar un regalo a mi amiga. → ① Se lo voy a enviar. / ② Voy a enviárselo.
① Se está lavando las manos. / ② Está lavándose las manos.
→ ① Se las está lavando. / ② Está lavándoselas.

5 縮小辞 -ito, -illo

Pedrito ペドロちゃん（← Pedro）　　abuelita おばあちゃん（← abuela）
un poquito ちょっぴり（← un poco）

◆次のものは、もとの名詞と意味が変わってしまいます。
　señorita 結婚していない女性/お嬢さん（← señora 結婚した女性/奥様）
　cigarrillo 紙巻きタバコ（← cigarro 葉巻）
　cucharilla ティースプーン（← cuchara スプーン）

Adiós

同様にトウガラシ、ジャガイモ、トウモロコシなどをヨーロッパ人は知りませんでした。

Minilectura

Tortilla de patata para cuatro personas

Pele y pique una cebolla pequeña. Pele y corte tres patatas en medias lunas finas. Introduzca todo en la sartén, añada un poco de sal y fría a fuego lento. Retire la fritada y limpie la sartén. Casque seis huevos y bátalos. Añada sal y pimienta a su gusto, agregue la fritada de patata y cebolla y mezcle bien. Coloque la sartén otra vez al fuego, y agregue un poquito de aceite y agregue la mezcla. Remueva un poco con una cuchara de madera y espere a que empiece a cuajarse. Separe los bordes, cubra la sartén con un plato de mayor diámetro que la sartén y dele la vuelta. Échela otra vez al fuego para que se cuaje por el otro lado.

Notas

pelar 皮をむく　　**picar** みじん切りにする　　**en medias lunas finas** 薄い半月型に　　**fría** ＜ freír
a fuego lento 弱火で　　**fritada** [女] 炒めたもの　　**batir** かき混ぜる、泡立てる　　**a su gusto** お好みに
mezcla [女] 混ぜたもの　　**remover** かき回す　　**esperar a que empiece a cuajarse** 固まり始めるのを待つ
（empiece は empezar の接続法現在形→p.61 6 5）参照）　　**separar los bordes** 端のほうをはがす
de mayor diámetro que... …よりも直径の大きな　　**dar la vuelta** ひっくり返す
para que se cuaje 固まるように（se cuaje は cuajarse の接続法現在形）

Conversación　ラウラの卒業

① Clara　　：¡Enhorabuena, Laura! A ver, muéstrame el diploma. ¡Ay, qué bonito!
　　　　　　　Invítame a tu primer recital, ¿eh?
② Laura　　：Por supuesto. Ven a verme a París cuando quieras.
③ Manuel　：(*desde lejos*) ¡Lauraaaaa!
④ Laura　　：¡Hombre, Manuel! No corras, que pasan coches.
⑤ Manuel　：¡Laura, enhorabuena por tu graduación!
⑥ Laura　　：¡Un ramo de flores! Muchísimas gracias, Manuel.
　　　　　　　Pero ¡qué romántico eres!
⑦ Manuel　：Soy un tenor lírico. Laura, no te olvides de mí.
⑧ Laura　　：¡Cómo me voy a olvidar de ti! Mantengámonos en contacto.

Notas

① **a ver** さて、どれどれ　　② **cuando quieras** いつでも（quieras は querer の接続法現在形）
④ **hombre** あら、まあ　　⑦ **tenor** [男] **lírico** リリック・テノール（繊細な声のテノール歌手）

国連の公用語は英語、中国語、フランス語、ロシア語、アラビア語、スペイン語です。

Lección 14

練習　Ejercicios

1. 1)〜5)は肯定命令形、6)〜10)は否定命令形を使って、tú, vosotros, Ud., Uds. に対する命令文を作りましょう。

    1) venir aquí（ここに来る）

    2) tener cuidado（気をつける）

    3) levantarse（起きる）

    4) quitarse los zapatos（靴を脱ぐ）

    5) decírselo a Isabel（そのことをイサベルに言う）

    6) fumer aquí（ここでタバコを吸う）

    7) comer demasiado（食べ過ぎる）

    8) preocuparse（心配する）

    9) seguirme（私について来る）

    10) decírselo a Isabel（そのことをイサベルに言う）

2. 1), 2)は肯定命令形、3), 4)は否定命令形を使って、usted に対する命令文を作りましょう。**CD-79**

    1) もっとゆっくり話してください。（más despacio）

    2) お名前を書いてください。（su nombre）

    3) そんなに飲んではいけません。（beber tanto）

    4) 他人の悪口を言ってはいけません。（hablar mal de otros）

3. 音声を聞いて、その指示通りに動いてみましょう。

    1)　　　　　　　　　　　　2)
    3)　　　　　　　　　　　　4)

インターネット利用者の8％がスペイン語話者（英語、中国語に次いで3位）です。

文法補足：スペイン語の動詞の法と時制

　スペイン語の動詞は法と時制、そして主語の人称と数によって活用します。現代のスペイン語で用いられる法と時制は、次の表にある2法13時制（例として**cantar**「歌う」という動詞の1人称単数形を示します）、および命令法です。このうち本文では直説法の現在、点過去、線過去、現在完了、および命令法だけを扱いました。

直説法

単純時制	完了時制
現在 canto	現在完了 he cantado
未来 cantaré	未来完了 habré cantado
点過去 canté	———
線過去 cantaba	過去完了 había cantado
過去未来 cantaría	過去未来完了 habría cantado

接続法

単純時制	完了時制
現在 cante	現在完了 haya cantado
過去 cantara / cantase	過去完了 hubiera cantado / hubiese cantado

以下、本文で扱わなかった法と時制について簡単に紹介します。

1 直説法未来

	llamar	comer	vivir
1・単	llamaré	comeré	viviré
2・単	llamarás	comerás	vivirás
3・単	llamará	comerá	vivirá
1・複	llamaremos	comeremos	viviremos
2・複	llamaréis	comeréis	viviréis
3・複	llamarán	comerán	vivirán

用法

1) 未来の出来事・状態

　　El mes que viene viajaremos a Europa. 来月私たちはヨーロッパに旅行に行きます。
　　Mañana se levantarán temprano. 明日彼らは早起きするだろう。

2) 現在の出来事・状態の推量

　　Ella estará en la oficina ya. 彼女はもう会社にいるだろう。

2 直説法未来完了

	llamar	comer	vivir
1・単	habré llamado	habré comido	habré vivido
2・単	habrás llamado	habrás comido	habrás vivido
3・単	habrá llamado	habrá comido	habrá vivido
1・複	habremos llamado	habremos comido	habremos vivido
2・複	habréis llamado	habréis comido	habréis vivido
3・複	habrán llamado	habrán comido	habrán vivido

用法

1）未来のある時点までの完了

Habré terminado el trabajo para la semana que viene.
私は来週までにはその仕事を終えているだろう。

2）現在完了の推量

Son las diez. Ya habrá empezado la clase.
10時だ。もう授業は始まっているだろう。

3 直説法過去完了

	llamar	comer	vivir
1・単	había llamado	había comido	había vivido
2・単	habías llamado	habías comido	habías vivido
3・単	había llamado	había comido	había vivido
1・複	habíamos llamado	habíamos comido	habíamos vivido
2・複	habíais llamado	habíais comido	habíais vivido
3・複	habían llamado	habían comido	habían vivido

用法

1）過去のある時点までの継続・経験

Lo habíamos esperado dos horas hasta que vino él.
彼が来るまで私たちは２時間待っていました。
Ana me dijo que había estado en Japón.
アナは私に、日本に行ったことがあると言いました。

2）過去のある時点までの完了・過去のまた過去

Cuando entré en la sala, la clase ya había empezado.
私が教室に入ったとき、授業はすでに始まっていた。

4 直説法過去未来

	llamar	comer	vivir
1・単	llamaría	comería	viviría
2・単	llamarías	comerías	vivirías
3・単	llamaría	comería	viviría
1・複	llamaríamos	comeríamos	viviríamos
2・複	llamaríais	comeríais	viviríais
3・複	llamarían	comerían	vivirían

用法
1）過去から見た未来

María me dijo que visitaría la Catedral de Toledo.
マリアはトレドの大聖堂を見学するつもりだと私に言った。

2）過去の推量

Serían las once cuando llegaron a casa.
彼らが家に着いたとき、11 時だっただろう。

3）丁寧・婉曲

Desearía [Me gustaría] hacerle una pregunta.
あなたにひとつ質問をしたいのですが。

4）現在の事実に反する仮定の文の中で帰結節に用いる　→p.62 8

5 直説法過去未来完了

	llamar	comer	vivir
1・単	habría llamado	habría comido	habría vivido
2・単	habrías llamado	habrías comido	habrías vivido
3・単	habría llamado	habría comido	habría vivido
1・複	habríamos llamado	habríamos comido	habríamos vivido
2・複	habríais llamado	habríais comido	habríais vivido
3・複	habrían llamado	habrían comido	habrían vivido

用法
1）過去から見た未来完了

Creíamos que habríamos terminado el trabajo para hoy.
私たちは今日までにその仕事を終えているだろうと思っていた。

2）過去完了の推量

A las cinco de la madrugada habrían salido de casa ya.
早朝5時には彼らはもう家を出ていただろう。

3）過去の事実に反する仮定の文の中で帰結節に用いる　→p.63 **9**

6 接続法現在

	llamar	comer	vivir
1・単	llame	coma	viva
2・単	llames	comas	vivas
3・単	llame	coma	viva
1・複	llamemos	comamos	vivamos
2・複	llaméis	comáis	viváis
3・複	llamen	coman	vivan

接続法を使う場面（複文の従属節の中で）

接続法現在は、主節が現在または未来、従属節の内容が主節と同時または以後の場合に、従属節の中で使います。

1）願望された・命令された内容を表す名詞節の中で

Quiero que estudiéis mucho. 私は君たちにたくさん勉強してほしい。
El médico me ha dicho que no fume. 医者は私に喫煙しないように言った。

2）不確実な内容・否定された内容を表す名詞節の中で

No creo que Rosa hable japonés. 私はロサが日本語を話すとは思わない。

3）ある事実についての感情・価値判断を言う文において、その事実を述べる名詞節の中で

Siento que no te guste el flamenco. 君がフラメンコが嫌いだとは残念だ。
Es natural que ellos necesiten ayuda. 彼らが助けを必要とするのは当然だ。

4）関係詞の先行詞が不特定の場合または否定されている場合に、関係節の中で

Necesitamos un empleado que trabaje mucho.
私たちはよく働く従業員を必要としている。
Aquí no hay nada que me guste.
ここに私が好きな物は何もない。

5）まだ実現していないことを表す時の副詞節の中で

Cuando llegue Papá, vamos a cenar. パパが着いたら夕飯にしよう。

6) 目的の副詞節の中で

Pablo trabaja mucho para que su familia viva feliz.
パブロは家族が幸せに暮らせるように懸命に働いている。

7) 条件の副詞節の中で

En caso de que Paula no llegue a tiempo, partiremos sin ella.
パウラが時間通りに着かない場合、私たちは彼女なしで出かけよう。

7 接続法現在完了

	llamar	comer	vivir
1・単	haya llamado	haya comido	haya vivido
2・単	hayas llamado	hayas comido	hayas vivido
3・単	haya llamado	haya comido	haya vivido
1・複	hayamos llamado	hayamos comido	hayamos vivido
2・複	hayáis llamado	hayáis comido	hayáis vivido
3・複	hayan llamado	hayan comido	hayan vivido

◆ 6 の「接続法を使う場面」で、主節が現在または未来、従属節の内容が主節以前の場合に、従属節の中でこの時制を使います。

Siento que te haya molestado.
君を邪魔してしまって申し訳ない。

No creo que ellos hayan estado en España.
彼らがスペインに行ったことがあるとは思わない。

8 接続法過去 (-ra 形と -se 形がありますが、どちらもほぼ同じように使います)

	llamar	comer	vivir
1・単	llamara / llamase	comiera / comiese	viviera / viviese
2・単	llamaras / llamases	comieras / comieses	vivieras / vivieses
3・単	llamara / llamase	comiera / comiese	viviera / viviese
1・複	llamáramos / llamásemos	comiéramos / comiésemos	viviéramos / viviésemos
2・複	llamarais / llamaseis	comierais / comieseis	vivierais / vivieseis
3・複	llamaran / llamasen	comieran / comiesen	vivieran / viviesen

◆ 6 の「接続法を使う場面」で、主節が過去、従属節の内容が主節と同時または以後の場合に、従属節の中でこの時制を使います。

Yo quería que estudiarais mucho. 私は君たちによく勉強して欲しかった。

No había nada que me gustase. 私の気に入るものは何もなかった。

◆現在の事実に反する仮定の文では、仮定節に<u>接続法過去</u>を、帰結節に<u>直説法過去未来</u>を使います。

Si <u>viviéramos</u> en España, <u>hablaríamos</u> español mucho mejor.
もし私たちがスペインに住んでいれば、もっとずっと上手にスペイン語を話すだろうに。

9 接続法過去完了 （-ra 形と -se 形がありますが、どちらもほぼ同じように使います）

	llamar	comer	vivir
1・単	hubiera llamado / hubiese llamado	hubiera comido / hubiese comido	hubiera vivido / hubiese vivido
2・単	hubieras llamado / hubieses llamado	hubieras comido / hubieses comido	hubieras vivido / hubieses vivido
3・単	hubiera llamado / hubiese llamado	hubiera comido / hubiese comido	hubiera vivido / hubiese vivido
1・複	hubiéramos llamado / hubiésemos llamado	hubiéramos comido / hubiésemos comido	hubiéramos vivido / hubiésemos vivido
2・複	hubierais llamado / hubieseis llamado	hubierais comido / hubieseis comido	hubierais vivido / hubieseis vivido
3・複	hubieran llamado / hubiesen llamado	hubieran comido / hubiesen comido	hubieran vivido / hubiesen vivido

◆ 6 の「接続法を使う場面」で、主節が過去、従属節の内容が主節以前の場合に、従属節の中でこの時制を使います。

Ella negó que <u>hubiera hablado</u> con él.
彼女は彼と話をしたことはないと言った。

Era una lástima que ya <u>hubiese terminado</u> la exposición.
展覧会が終わってしまっていたのは残念だった。

◆過去の事実に反する仮定の文では、仮定節に<u>接続法過去完了</u>を、帰結節に<u>直説法過去未来完了</u>を使います。

Si <u>hubiera tenido</u> mucho dinero de joven, <u>habría viajado</u> por muchos países.
もし若いころたくさんお金を持っていたら、多くの国々を旅行しただろうに。

響く音（ね）！　スペイン語

　　　　　　　ⓒ 2019 年 1 月 30 日　　初版発行

検印
省略

著者　　　　　　　　　　　　　木村　琢也

発行者　　　　　　　　　　　　原　雅久
発行所　　　　株式会社　朝日出版社
　　　〒 101-0065 東京都千代田区西神田 3-3-5
　　　　　　電話(03)3239-0271・72（直通）
　　　　　　http://www.asahipress.com/
　　　　　　振替口座　東京　00140-2-46008
　　　　　　　　　　　　明昌堂／図書印刷

乱丁，落丁本はお取り替えいたします
ISBN978-4-255-55101-2 C1087

本書の一部あるいは全部を無断で複写複製（撮影・デジタル化を含む）及び
転載することは、法律上で認められた場合を除き、禁じられています。